みんなが欲しかった!

FP

の予想模試

3級

TAC出版編集部

滝澤ななみ

JN022564

TAC出版
TAC PUBLISHING Group

本書を使いこなして合格しよう！

学科試験3回分と実技試験各2回分※を掲載！

※日本FP協会（資産設計提案業務）、金融財政事情研究会（個人資産相談業務、保険顧客資産相談業務）

FP3級に合格するためには、幅広く問題を解く必要があります。本書では学科3回、実技2回の豊富な問題数を掲載しているので、着実に実力を身につけることができます。

> **2024年度　CBT方式**
> ファイナンシャル・プランニング技能検定
>
> ## 3級学科試験
>
> 試験時間：90分
>
> 《 第　1　回 》

みんなが欲しかった FP3級教科書と完全リンク！

本書は売上NO.1※の「みんなが欲しかったFP3級の教科書」と完全にリンクしています。

本書で間違えた問題は、「みんなが欲しかったFP3級の教科書」を確認することで学習効果が大幅に上がります。

> **板書** ファイナンシャル・プランニングと関連法規
> **FP業務と弁護士法**
> 弁護士資格を持たないFPは、具体的な法律判断や法律事務を行ってはならない
> → 遺言書の作成指導など
>
> **問1** 解答 ✕　　　みんほし教科書 P5
> 　弁護士資格を有しないファイナンシャル・プランナーが、民法の条文を基に一般的な説明を行う行為は有償であっても弁護士法に抵触しません。なお、個別具体的な法律事務は弁護士法に抵触します。

なお、該当ページ「なし」という問題もありますが、必ずしも教科書に掲載されていない問題が出題されることもあるため、予想模試に掲載しております。

※2014年1月〜2024年3月　紀伊國屋書店PubLine調べ（FP試験対策書籍分野）

最新の内容にもバッチリ対応！

FP試験では、税金や年金などの制度改正に関する問題が出題されます。本書では最新の内容にも対応しているので安心です。

《問6》 最後に、Mさんは、2024年1月より導入された「新しいNISA」についてアドバイスした。MさんのAさんに対するアドバイスとして、次のうち最も適切なものはどれか。

1) 「新しいNISAのつみたて投資枠における年間非課税投資額は150万円です」
2) 「2024年以降にNISAの「成長投資枠」と「つみたて投資枠」を利用して株式投資信託等を保有することができる投資上限額（非課税保有限度額）は1,500万円であり、このうち「成長投資枠」での保有は1,000万円が上限となります」
3) 「2024年から導入された新しいNISAの「つみたて投資枠」と「成長投資枠」における運用期間は無期限（期限なし）となります」

新しいNISA
の論点も
バッチリ！

わかりやすく丁寧な解説で疑問を解決！

本書ではすべての問題に対して、詳しく解説しています。間違えたり疑問に感じる問題も見事に解決できます。

さらに図解により、イメージがしやすくなっているので、理解が進みます。

問14　解答 ✕

 ポートフォリオ効果は、組み入れている資産の価格変動パターンが似ているかどうかという「相関関係」が大きく作用し、これを数値で表したものが「相関係数」です。相関係数は−1から＋1までの範囲の数値で表され、−1に近いほどポートフォリオ効果は高くなり、−1で最大になります。異なる2資産からなるポートフォリオにおいて、2資産間の相関係数が−1である場合、両資産が逆の値動きをするため、理論上、リスクの低減効果は最大になります。また、相関係数が＋1のときは全く同じ値動きをするため、ポートフォリオ効果はありません。

$$-1 \leqq 相関係数 \leqq 1$$

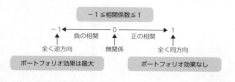

みんほしシリーズを使いこなそう

　みんなが欲しかった（みんほし）シリーズ「教科書」「問題集」「予想模試」の3冊を活用することで、合格へ着実にステップアップできます。

みんほし教科書

みんほし問題集

みんほし予想模試

「知識の習得」　　　　　「実践力 UP」　　　　「合格への総仕上げ」

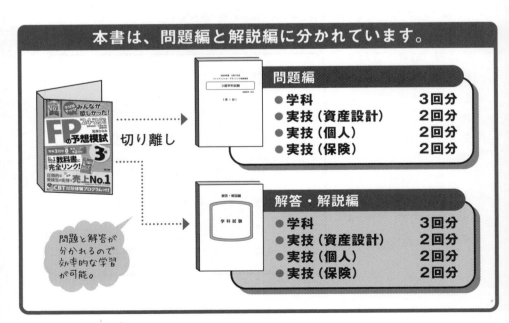

本書は、問題編と解説編に分かれています。

切り離し

問題と解答が
分かれるので
効率的な学習
が可能。

問題編

- 学科　　　　　　　　　3回分
- 実技（資産設計）　　　2回分
- 実技（個人）　　　　　2回分
- 実技（保険）　　　　　2回分

解答・解説編

- 学科　　　　　　　　　3回分
- 実技（資産設計）　　　2回分
- 実技（個人）　　　　　2回分
- 実技（保険）　　　　　2回分

FP 3 級の概要

実施団体は 2 つある

　FP 技能検定を実施しているのは、「金融財政事情研究会（金財）」と「日本FP 協会」の 2 つあります。**どちらで試験を受けても FP 技能士の資格が取得できます。**過去問題を見て、取り組みやすいほうを選ぶと良いでしょう。

一般社団法人　金融財政事情研究会 HP：https://www.kinzai.or.jp/	NPO 法人　日本 FP 協会 HP：https://www.jafp.or.jp/

受検資格（3 級）

　特になし

試験科目

　FP3 級技能士を取得するためには、「学科試験」と「実技試験」の両方に合格する必要があります。

学科試験

出題形式	○×式 30 問、三答択一式 30 問の合計 60 問
試験時間	90 分
合格基準	60 点満点で 36 点以上

実技試験

	金　　財	日本 FP 協会
出題形式	15 問（事例形式 5 題）	多肢選択式 20 問
試験時間	60 分	
合格基準	50 点満点で 30 点以上	100 点満点で 60 点以上
出題科目	下記のいずれかを受検 個人資産相談業務 保険顧客資産相談業務	資産設計提案業務

難易度や合格率

FP 3 級の合格率（2023 年度まで）はおおむね以下のとおりです。

	金　財	日本 FP 協会
学　　科	45 〜 65%	80 〜 85%
実　　技	【個人】50 〜 60%	【資産】80 〜 90%
	【保険】40 〜 50%	

※ CBT 方式に変更になり、合格率も変動する可能性があるので、あくまで目安にしてください。

FP 協会のほうが合格率は高めですが、これは受検者の属性の違いなどによるもので、難易度は同じです。

出題形式

CBT（Computer Based Testing）方式

法令基準日

試　験　日	法令基準日
2024 年 6 月 〜 2025 年 5 月	2024 年 4 月 1 日

CBT 試験は休止期間があります。詳細は各実施団体のホームページをご覧ください。

実技試験の出題分野

実技試験は必ずしもすべての分野から出題されるわけではありません。

	金財 個人資産相談業務	金財 保険顧客資産相談業務	日本 FP 協会 資産設計提案業務
ライフプランニングと資金計画	○	○	○
リスク管理	×	○	○
金融資産運用	○	×	○
タックスプランニング	○	○	○
不動産	○	×	○
相続・事業承継	○	○	○

CBT方式を理解しよう！

CBT 方式とは

　CBT 方式とは、「Computer Based Testing」の略称です。簡単にいえば、パソコンが設置されている試験会場に行って受検するものです。

　CBT 方式と従来の紙試験とは、特徴が大きく異なるので注意が必要です。

	CBT 方式
試験日	会場が空いていれば、自分の都合にあわせていつでも受検可能
試験会場	インターネットから自分で試験会場を指定する
試験開始時間	会場が空いていれば、自分の都合に合わせて試験開始時間を指定できる
試験時間	学科 90 分、実技 60 分
電卓	持ち込み不可 ※ CBT の画面上に電卓が表示される
試験問題の持ち帰り	持ち帰り不可
試験結果	受検終了後すぐに点数が判明 ※ただし、正式な合否判定は翌月中旬
その他	計算用紙としてメモ用紙が配布されるものの、試験後は回収される

CBT 試験体験プログラムで本番を知ろう

　本書では、CBT 試験体験プログラムをご用意しています。

　本番の試験とそっくりな画面と仕様を体験できます。

　操作方法に慣れることで、本番で焦らずに試験に臨めます。

CBT 試験体験プログラム　ここがオススメ！

① 本番そっくりの画面

試験の画面や電卓の操作方法など、試験そっくりなので実践力が身につきます。

② 実技は「日本FP協会」と「金財」ともに対応

学科試験はもちろん、実技試験も日本FP協会（資産設計提案業務）および
金財（個人資産相談業務・保険顧客資産相談業務）ともに対応しています。

CBT 試験体験プログラム
アクセスはこちら！ TAC出版 検索

①書籍連動ダウンロードサービスにアクセス

②パスワードを入力 240611186

③『CBT 試験体験プログラム』に挑戦！

※ダウンロード期限は 2025 年6月30日までとなっております。

目　次

問題編

解答・解説編

本書は、2024年4月1日現在の施行法令に基づいて作成しております。なお、改正がある場合には、下記ホームページの法改正情報コーナーに法改正情報を掲載いたします。

TAC出版書籍販売サイト「Cyber Book Store」
https://bookstore.tac-school.co.jp/

復興特別所得税の本書における取扱い

　東日本大震災の復興財源を確保するため、2013年から「復興特別所得税」として、「所得税額（基準所得税額）× 2.1%」が課されています。

　FP試験では、復興特別所得税を含んだ場合の税率で出題されることも、復興特別所得税を含まない税率で出題されることもあるので、本書では原則として所得税と復興特別所得税を分けて記載しています。

　なお、本試験では問題文の指示にしたがって解答するようにしてください。

一般社団法人　金融財政事情研究会　ファイナンシャル・プランニング技能検定
3級実技試験（個人資産相談業務）平成29年10月許諾番号1710K000002

・装丁：Malpu Design

2024－2025年版

みんなが欲しかった！　FPの予想模試　3級

2024年6月18日　初版　第1刷発行

監　　修	滝　澤　な　な　み	
編 著 者	ＴＡＣ出版編集部	
発 行 者	多　田　敏　男	
発 行 所	ＴＡＣ株式会社　出版事業部	
	（ＴＡＣ出版）	

〒101-8383 東京都千代田区神田三崎町3-2-18
電　話 03(5276)9492(営業)
FAX 03(5276)9674
https://shuppan.tac-school.co.jp/

印　　刷	株式会社　ワ　コ　ー	
製　　本	株式会社　常　川　製　本	

© TAC 2024　　　Printed in Japan

ISBN 978-4-300-11186-4
N.D.C. 338

魅惑のパーソナルファイナンスの世界を感じられる無料オンラインセミナーです！

「多くの方が不安に感じる年金問題」「相続トラブルにより増加する空き家問題」
「安全な投資で資産を増やしたいというニーズ」など、社会や個人の様々な問題の解決に、
ファイナンシャルプランナーの知識は非常に役立ちます。
長年、ファイナンシャルプランニングの現場で顧客と向き合い、
夢や目標を達成するためのアドバイスをしてきたベテランFPのTAC講師陣が、
無料のオンラインセミナーで魅力的な知識を特別にお裾分けします。
とても面白くためになる内容です！
無料のオンラインセミナーですので、気軽にご参加いただけます。
ぜひ一度視聴してみませんか？　皆様の世界が広がる実感が持てるはずです。

皆様の **人生を充実させる**のに必要なコンテンツがぎっしり詰まった**オンラインセミナー**です！

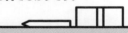 **参考** ➡ **過去に行ったテーマ例**

- 達人から学ぶ「不動産投資」の極意
- 老後に役立つ個人年金保険
- 医療費をたくさん払った場合の節税対策
- 基本用語を分かりやすく解説 NISA
- 年金制度と住宅資産の活用法
- FP試験電卓活用法
- 1級・2級本試験予想セミナー
- 初心者でもできる投資信託の選び方
- 安全な投資のための商品選びのチェックポイント
- 1級・2級頻出論点セミナー

- そろそろ家を買いたい！実現させるためのポイント
- 知らないと損する！社会保険と公的年金の押さえるべきポイント
- 危機、災害に備える家計の自己防衛術を伝授します
- 一生賃貸で大丈夫？老後におけるリスクと未然の防止策
- 住宅購入時の落とし穴！購入後の想定外のトラブル
- あなたに必要な保険の見極め方
- ふるさと納税をやってみよう♪ぴったりな寄付額をチェック

書籍の正誤に関するご確認とお問合せについて

書籍の記載内容に誤りではないかと思われる箇所がございましたら、以下の手順にてご確認とお問合せをしてくださいますよう、お願い申し上げます。

なお、正誤のお問合せ以外の書籍内容に関する解説および受験指導などは、一切行っておりません。

そのようなお問合せにつきましては、お答えいたしかねますので、あらかじめご了承ください。

1 「Cyber Book Store」にて正誤表を確認する

TAC出版書籍販売サイト「Cyber Book Store」の
トップページ内「正誤表」コーナーにて、正誤表をご確認ください。

CYBER TAC出版書籍販売サイト
BOOK STORE

URL：https://bookstore.tac-school.co.jp/

2 ❶の正誤表がない、あるいは正誤表に該当箇所の記載がない ⇒ 下記①、②のどちらかの方法で文書にて問合せをする

★ご注意ください★

お電話でのお問合せは、お受けいたしません。

①、②のどちらの方法でも、お問合せの際には、「お名前」とともに、

「対象の書籍名（○級・第○回対策も含む）およびその版数（第○版・○○年度版など）」

「お問合せ該当箇所の頁数と行数」

「誤りと思われる記載」

「正しいとお考えになる記載とその根拠」

を明記してください。

なお、回答までに１週間前後を要する場合もございます。あらかじめご了承ください。

① ウェブページ「Cyber Book Store」内の「お問合せフォーム」より問合せをする

【お問合せフォームアドレス】

https://bookstore.tac-school.co.jp/inquiry/

② メールにより問合せをする

【メール宛先　TAC出版】

syuppan-h@tac-school.co.jp

※土日祝日はお問合せ対応をおこなっておりません。
※正誤のお問合せ対応は、該当書籍の改訂版刊行月末日までといたします。

乱丁・落丁による交換は、該当書籍の改訂版刊行月末日までといたします。なお、書籍の在庫状況等により、お受けできない場合もございます。

また、各種本試験の実施の延期、中止を理由とした本書の返品はお受けいたしません。返金もいたしかねますので、あらかじめご了承くださいますようお願い申し上げます。

（2022年7月現在）

【本書のご利用方法】

分解して利用される方へ

色紙を押さえながら、「2分冊」の各冊子を取り外してください。

　各冊子と色紙は、のりで接着されています。乱暴に扱いますと破損する恐れがありますので、丁寧に取り外しいただけますようお願いいたします。

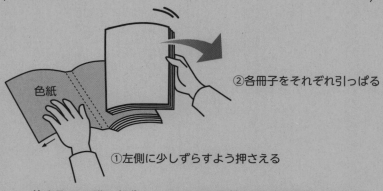

色紙

②各冊子をそれぞれ引っぱる

①左側に少しずらすよう押さえる

＊ 抜き取りの際の損傷についてのお取替えはご遠慮願います ＊

TAC出版

TAC PUBLISHING Group

みんなが
欲しかった！

3級

FPの予想模試

問題編

'24-'25年版

TAC出版

問題編

2024年度　CBT方式
ファイナンシャル・プランニング技能検定

３級学科試験

試験時間：90分

《 第 1 回 》

次の文章を読んで、正しいものまたは適切なものには○を、誤っているものまたは不適切なものには×をつけなさい。

問1　弁護士の資格を有しないファイナンシャル・プランナーが、顧客に対して、法定後見制度と任意後見制度の違いについて一般的な説明を行う行為は、弁護士法に抵触する。

問2　雇用保険の基本手当を受給するためには、倒産、解雇、雇止めなどの場合を除き、原則として、離職の日以前2年間に被保険者期間が通算して12カ月以上あることなどの要件を満たす必要がある。

問3　後期高齢者医療広域連合の区域内に住所を有する75歳以上の者は、原則として、後期高齢者医療制度の被保険者となる。

問4　老齢厚生年金に加給年金額が加算されるためには、原則として、老齢厚生年金の受給権者本人の厚生年金保険の被保険者期間が20年以上なければならない。

問5　遺族厚生年金を受給することができる遺族の範囲は、厚生年金保険の被保険者等の死亡の当時、その者によって生計を維持し、かつ、所定の要件を満たす配偶者、子、父母、孫、祖父母である。

問6　延長保険とは、一般に、保険料の払込みを中止して、その時点での解約返戻金を基に、元契約よりも長い保険期間の定期保険に変更する制度である。

問7　逓減定期保険は、保険期間の経過に伴い保険料が所定の割合で減少するが、死亡保険金額は保険期間を通じて一定である。

問8　契約転換制度により、現在加入している生命保険契約を新たな契約に転換する場合、転換後契約の保険料は、転換前契約の加入時の年齢に応じた保険料率により算出される。

問9 自動車保険の車両保険では、一般に、洪水により自動車が水没したことによって被る損害は補償の対象とならない。

問10 自宅が火災で焼失したことにより契約者（＝保険料負担者）が受け取る火災保険の保険金は、一時所得として所得税の課税対象となる。

問11 全国企業短期経済観測調査（日銀短観）は、企業間で取引される財に関する価格の変動を測定した統計である。

問12 投資信託のパッシブ運用は、日経平均株価や東証株価指数（ＴＯＰＩＸ）などのベンチマークに連動した運用成果を目指す運用手法である。

問13 国内の証券取引所に上場している内国株式を普通取引により売買する場合、約定日の翌営業日に決済が行われる。

問14 異なる２資産からなるポートフォリオにおいて、２資産間の相関係数が－１である場合、分散投資によるリスクの低減効果は、最小となる。

問15 為替予約を締結していない外貨定期預金において、満期時の為替レートが預入時の為替レートに比べて円安になれば、当該外貨定期預金の円換算の利回りは高くなる。

問16 所得税において、国債や地方債などの特定公社債の利子は、総合課税の対象となる。

問17 所得税において、医療保険の被保険者が病気で入院したことにより受け取った入院給付金は、非課税である。

問18 不動産所得の金額の計算上生じた損失の金額のうち、不動産所得を生ずべき業務の用に供する土地を取得するために要した負債の利子の額に相当する部分の金額は、損益通算の対象とならない。

問19 夫が生計を一にする妻に係る確定拠出年金の個人型年金の掛金を負担した場合、その負担した掛金は、夫に係る所得税の小規模企業共済等掛金控除の対象となる。

問20 給与所得者が所得税の住宅借入金等特別控除の適用を受ける場合、その適用を受ける最初の年分については、年末調整の対象者であっても、確定申告をしなければならない。

問21 不動産登記には公信力が認められていないため、登記記録上の権利者が真実の権利者と異なっている場合に、登記記録を信じて不動産を購入した者は、原則として、その不動産に対する権利の取得について法的に保護されない。

問22 借地借家法において、事業用定期借地権等の設定を目的とする契約は、公正証書によってしなければならない。

問23 宅地建物取引業者は、自ら売主となる宅地または建物の売買契約の締結に際して、買主が宅地建物取引業者でない場合、売買代金の額の2割を超える額の手付金を受領することができない。

問24 個人が相続により取得した被相続人の居住用家屋およびその敷地を譲渡し、「被相続人の居住用財産（空き家）に係る譲渡所得の特別控除の特例」の適用を受けるためには、譲渡資産の譲渡対価の額が6,000万円以下であることなどの要件を満たす必要がある。

問25 土地の有効活用において、一般に、土地所有者が入居予定の事業会社から建設資金を借り受けて、事業会社の要望に沿った店舗等を建設し、その店舗等を事業会社に賃貸する手法を、建設協力金方式という。

問26 書面によらない贈与契約は、その履行前であれば、各当事者は契約の解除をすることができる。

問27 特別養子縁組が成立した場合、養子となった者と実方の父母との親族関係は終了する。

問28 自筆証書遺言書保管制度を利用して、法務局（遺言書保管所）に保管されている自筆証書遺言については、家庭裁判所による検認の手続を要しない。

問29 相続人が負担した被相続人に係る香典返戻費用は、相続税の課税価格の計算上、葬式費用として控除することができる。

問30 「配偶者に対する相続税額の軽減」の適用を受けることができる配偶者は、被相続人と法律上の婚姻の届出をした者に限られ、いわゆる内縁関係にある者は該当しない。

次の文章の（　　）内にあてはまる最も適切な文章、語句、数字またはそれらの組合せを１）〜３）のなかから選びなさい。

問31　一定の利率で複利運用しながら一定期間、毎年一定金額を受け取るために必要な元本を試算する際、毎年受け取る一定金額に乗じる係数は、（　　）である。

1）減債基金係数

2）年金現価係数

3）資本回収係数

問32　公的介護保険の第（①）被保険者は、市町村または特別区の区域内に住所を有する（②）以上65歳未満の医療保険加入者である。

1）①　1号　　　　②40歳

2）①　2号　　　　②40歳

3）①　2号　　　　②60歳

問33　全国健康保険協会管掌健康保険の被保険者が、産科医療補償制度に加入する医療機関で出産した場合の出産育児一時金の額は、1児につき（　　）である。

1）30万円

2）50万円

3）56万円

問34　65歳到達時に老齢基礎年金の受給資格期間を満たしている者が、67歳6カ月で老齢基礎年金の繰下げ支給の申出をし、30カ月支給を繰り下げた場合、老齢基礎年金の増額率は、（　　）となる。

1）12%

2）15%

3）21%

問35 貸金業法の総量規制により、個人が貸金業者による個人向け貸付を利用する場合の借入合計額は、原則として、年収の（　　　）以内でなければならない。

1) 2分の1
2) 3分の1
3) 4分の1

問36 生命保険会社が（　　　）を引き上げた場合、通常、その後の終身保険の新規契約の保険料は安くなる。

1) 予定利率
2) 予定死亡率
3) 予定事業費率

問37 生命保険契約の契約者は、契約者貸付制度を利用することにより、契約している生命保険の（　　　）の一定の範囲内で保険会社から貸付を受けることができる。

1) 既払込保険料総額
2) 解約返戻金額
3) 死亡保険金額

問38 生命保険契約において、契約者（＝保険料負担者）および被保険者が夫、死亡保険金受取人が妻である場合、夫の死亡により妻が受け取る死亡保険金は、（　　　）の課税対象となる。

1) 贈与税
2) 相続税
3) 所得税

問39 地震保険の保険金額は、火災保険の保険金額の一定範囲内で設定するが、居住用建物については（①）、生活用動産については（②）が上限となる。

1) ① 1,000万円　　② 500万円
2) ① 3,000万円　　② 1,000万円
3) ① 5,000万円　　② 1,000万円

問40 スーパーマーケットを経営する企業が、店舗内で調理・販売した食品が原因で食中毒を発生させ、顧客に対して法律上の損害賠償責任を負うことによって被る損害を補償する保険として、（　　　）がある。
1）生産物賠償責任保険（PL保険）
2）請負業者賠償責任保険
3）施設所有（管理）者賠償責任保険

問41 一般法人、個人、地方公共団体などの通貨保有主体が保有する通貨量の残高を集計したものを（①）といい、（②）が作成・公表している。
1）① マネーストック　　② 財務省
2）① マネーストック　　② 日本銀行
3）① GDP　　　　　　② 日本銀行

問42 追加型株式投資信託を基準価額1万3,000円（1万口当たり）で1万口購入した後、最初の決算時に1万口当たり400円の収益分配金が支払われ、分配落ち後の基準価額が1万2,700円（1万口当たり）となった場合、その収益分配金のうち、普通分配金は（①）であり、元本払戻金（特別分配金）は（②）である。
1）① 0円　　　② 400円
2）① 100円　　② 300円
3）① 300円　　② 100円

問43 表面利率（クーポンレート）2％、残存期間4年の固定利付債券を額面100円当たり105円で購入した場合の最終利回り（年率・単利）は、（　　　）である。なお、税金等は考慮しないものとし、計算結果は表示単位の小数点以下第3位を四捨五入している。
1）0.71％
2）0.75％
3）0.79％

問44 A資産の期待収益率が3.0%、B資産の期待収益率が5.0%の場合に、A資産を40%、B資産を60%の割合で組み入れたポートフォリオの期待収益率は、（　　）となる。
1）1.8%
2）4.0%
3）4.2%

問45 預金保険制度の対象金融機関に預け入れた（　　）は、預入金額の多寡にかかわらず、その全額が預金保険制度による保護の対象となる。
1）定期積金
2）決済用預金
3）譲渡性預金

問46 所得税において、2024年中に取得した建物（鉱業用減価償却資産等を除く）に係る減価償却の方法は、（　　）である。
1）定額法
2）定率法
3）低価法

問47 所得税において、老齢基礎年金や老齢厚生年金を受け取ったことによる所得は、（　　）となる。
1）雑所得
2）一時所得
3）非課税所得

問48 個人が土地を譲渡したことによる譲渡所得の金額の計算において、譲渡した土地の取得費が不明である場合、当該収入金額の（　　）相当額を取得費とすることができる。
1）5%
2）10%
3）15%

問49　所得税において、青色申告者に損益通算してもなお控除しきれない損失の金額（純損失の金額）が生じた場合、その損失の金額を翌年以後最長で（　　）繰り越して、翌年以後の所得金額から控除することができる。

1）　3年間
2）　7年間
3）　10年間

問50　給与所得者は、年末調整により、所得税の（　　）の適用を受けることができる。
1）　雑損控除
2）　寄附金控除
3）　地震保険料控除

問51　相続税路線価は、地価公示の公示価格の（　①　）を価格水準の目安として設定されており、（　②　）のホームページで閲覧可能な路線価図で確認することができる。
1）　① 70%　　　　② 国土交通省
2）　① 80%　　　　② 国税庁
3）　① 90%　　　　② 国税庁

問52　土地の登記記録において、（　①　）に関する事項は権利部（甲区）に記録され、（　②　）に関する事項は権利部（乙区）に記録される。
1）　① 所有権　　　② 抵当権
2）　① 賃借権　　　② 抵当権
3）　① 賃借権　　　② 所有権

問53　建築基準法によれば、第一種低層住居専用地域内の建築物の高さは、原則として（　　）のうち当該地域に関する都市計画において定められた建築物の高さの限度を超えてはならないとされている。
1）　10mまたは12m
2）　10mまたは20m
3）　12mまたは15m

問54 市街化区域内において、所有する農地を自宅の建築を目的として宅地に転用する場合、あらかじめ（　　　）に届出をすれば都道府県知事等の許可は不要である。

1）農業委員会

2）市町村長

3）国土交通大臣

問55 個人が自宅の土地および建物を譲渡し、「居住用財産を譲渡した場合の長期譲渡所得の課税の特例」（軽減税率の特例）の適用を受けた場合、当該譲渡に係る課税長期譲渡所得金額のうち、（ ① ）以下の部分については、所得税および復興特別所得税 （ ② ）、住民税4％の税率で課税される。

1）① 6,000万円　　　② 10.21％

2）① 1億円　　　② 10.21％

3）① 1億円　　　② 15.315％

問56 個人が法人からの贈与により取得する財産は、（　　　）の課税対象となる。

1）法人税

2）贈与税

3）所得税

問57 贈与税の申告書は、原則として、贈与を受けた年の翌年の（ ① ）から3月15日までの間に、（ ② ）の住所地を所轄する税務署長に提出しなければならない。

1）① 2月1日　　　② 受贈者

2）① 2月16日　　　② 贈与者

3）① 2月16日　　　② 受贈者

問58 下記の＜親族関係図＞において、Aさんの相続における母Dさんの法定相続分は、（　　）である。

＜親族関係図＞

1）3分の1
2）4分の1
3）6分の1

問59 下記の＜親族関係図＞において、遺留分を算定するための財産の価額が2億4,000万円である場合、長女Eさんの遺留分の金額は、（　　）となる。

＜親族関係図＞

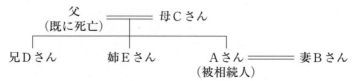

1）1,000万円
2）2,000万円
3）4,000万円

問60 下記の＜親族関係図＞において、被相続人Aさんの相続における相続税額の計算上、遺産に係る基礎控除額は（　　）である。

＜親族関係図＞

父
（既に死亡）＝＝＝母Cさん

兄Dさん　　　姉Eさん　　　Aさん＝＝＝妻Bさん
（被相続人）

1）4,200万円
2）4,800万円
3）5,400万円

問題編

2024年度　CBT方式
ファイナンシャル・プランニング技能検定

3級学科試験

試験時間：90分

《 第 2 回 》

次の文章を読んで、正しいものまたは適切なものには〇を、誤っているものまたは不適切なものには×をつけなさい。

問1　生命保険募集人の登録を受けていないファイナンシャル・プランナーが、ライフプランの相談に来た顧客に対し、生命保険商品の一般的な商品性について説明することは、保険業法において禁止されている。

問2　全国健康保険協会管掌健康保険の被保険者が、業務外の事由による負傷または疾病の療養のため、労務に服することができずに休業し、報酬を受けられなかった場合は、その労務に服することができなくなった日から傷病手当金が支給される。

問3　全国健康保険協会管掌健康保険の任意継続被保険者は、任意継続被保険者でなくなることを希望する旨を保険者に申し出ても、任意継続被保険者の資格を喪失することができない。

問4　厚生年金保険の被保険者である夫が死亡し、子のない45歳の妻が遺族厚生年金の受給権を取得した場合、妻が75歳に達するまでの間、妻に支給される遺族厚生年金に中高齢寡婦加算額が加算される。

問5　日本政策金融公庫の教育一般貸付（国の教育ローン）の使途は、入学金や授業料などの学校納付金に限られ、受験費用や在学のために必要となる住居費用などに利用することはできない。

問6　生命保険の保険料は、純保険料および付加保険料で構成されているが、このうち純保険料は、予定利率および予定死亡率に基づいて計算される。

問7　定期保険特約付終身保険（更新型）は、定期保険特約を同額の保険金額で更新する場合、更新にあたって被保険者の健康状態についての告知や医師の診査は必要ない。

問8　収入保障保険の死亡保険金を年金形式で受け取る場合の受取総額は、一般に、一時金で受け取る場合の受取額よりも少なくなる。

問9　自動車損害賠償責任保険（自賠責保険）では、被保険者自身が単独事故でケガをした場合、その損害は補償の対象とならない。

問10　国内旅行傷害保険では、一般に、国内旅行中にかかった細菌性食中毒は補償の対象とならない。

問11　日本銀行の金融政策の1つである公開市場操作（オペレーション）のうち、国債買入オペは、日本銀行が長期国債（利付国債）を買い入れることによって金融市場から資金を吸収するオペレーションである。

問12　ベンチマークとなる指数の上昇局面において、先物やオプションを利用し、上昇幅の2倍、3倍等の投資成果を目指すファンドは、ベア型ファンドに分類される。

問13　景気動向指数において、コンポジット・インデックス（CI）は、主として景気変動の大きさやテンポ（量感）の測定を目的とした指標である。

問14　日経平均株価は、東京証券取引所スタンダード市場に上場している代表的な225銘柄を対象として算出される。

問15　オプション取引において、特定の商品を将来の一定期日に、あらかじめ決められた価格（権利行使価格）で売る権利のことを、コール・オプションという。

問16　所得税において、老齢基礎年金や老齢厚生年金を受け取ったことによる所得は、非課税所得となる。

問17　退職手当等の支払を受ける個人がその支払を受ける時までに「退職所得の受給に関する申告書」を提出した場合、その支払われる退職手当等の金額に20.42％の税率を乗じた金額に相当する所得税および復興特別所得税が源泉徴収される。

問18 セルフメディケーション税制（特定一般用医薬品等購入費を支払った場合の医療費控除の特例）の対象となるスイッチＯＴＣ医薬品等の購入費を支払った場合、その購入費用の全額を所得税の医療費控除として総所得金額等から控除することができる。

問19 所得税において、納税者の2024年分の合計所得金額が1,000万円を超えている場合、2024年末時点の年齢が16歳以上の扶養親族を有していても、扶養控除の適用を受けることはできない。

問20 所得税において、納税者の合計所得金額が1,000万円を超えている場合、配偶者の合計所得金額の多寡にかかわらず、配偶者控除の適用を受けることはできない。

問21 不動産の売買契約において、買主が売主に解約手付を交付した場合、売主は、買主が契約の履行に着手するまでは、受領した解約手付を買主に返還することで、契約の解除をすることができる。

問22 アパートやマンションの所有者が、当該建物を賃貸して家賃収入を得るためには、宅地建物取引業の免許を取得しなければならない。

問23 都市計画区域内にある建築物の敷地は、原則として、建築基準法に規定する道路に２ｍ以上接していなければならない。

問24 不動産取得税は、相続人が不動産を相続により取得した場合には課されない。

問25 「居住用財産を譲渡した場合の3,000万円の特別控除」は、自己が居住していた家屋を配偶者や子に譲渡した場合には、適用を受けることができない。

問26 贈与は、当事者の一方が財産を無償で相手方に与える意思表示をすれば、相手方が受諾しなくても、その効力が生じる。

問27 被相続人の直系尊属で、法定相続人である者は、遺留分権利者となる。

問28 相続税額の計算において、「配偶者に対する相続税額の軽減」の適用を受けるためには、その適用を受けることにより納付すべき相続税額が算出されない場合であっても、相続税の申告書を提出しなければならない。

問29 相続税額の計算において、相続開始時に保険事故が発生していない生命保険契約に関する権利の価額は、原則として、相続開始時においてその契約を解約するとした場合に支払われることとなる解約返戻金の額によって評価する。

問30 個人が、自己が所有する土地に賃貸マンションを建築して賃貸の用に供した場合、相続税額の計算上、当該敷地は貸宅地として評価される。

次の文章の（　　）内にあてはまる最も適切な文章、語句、数字またはそれらの組合せを１）〜３）のなかから選びなさい。

問31　元金を一定期間、一定の利率で複利運用して目標とする額を得るために、運用開始時点で必要な元金の額を試算する際、目標とする額に乗じる係数は、（　　）である。
１）現価係数
２）減債基金係数
３）資本回収係数

問32　Ａさんの2024年分の可処分所得の金額は、下記の＜資料＞によれば、（　　）である。
＜資料＞2024年分のＡさんの収入等

給与収入：700万円（給与所得：520万円） 所得税・住民税：55万円 社会保険料：120万円 生命保険料：10万円

１）525万円
２）530万円
３）540万円

問33　独立行政法人日本学生支援機構が取り扱う奨学金（貸与型）には、無利息の（　①　）と、利息付（在学中は無利息）の（　②　）がある。
１）①第一種奨学金　　　②第二種奨学金
２）①第二種奨学金　　　②第一種奨学金
３）①第一種奨学金　　　②第三種奨学金

問34 国民年金の第1号被保険者が、国民年金の定額保険料に加えて月額（ ① ）の付加保険料を納付し、65歳から老齢基礎年金を受け取る場合、（ ② ）に付加保険料納付済期間の月数を乗じて得た額が付加年金として支給される。

1）① 400円　　　② 200円

2）① 400円　　　② 300円

3）① 200円　　　② 400円

問35 住宅金融支援機構と民間金融機関が提携した住宅ローンであるフラット35（買取型）の融資金利は（ ① ）であり、（ ② ）時点の金利が適用される。

1）①変動金利　　　②借入申込

2）①固定金利　　　②借入申込

3）①固定金利　　　②融資実行

問36 国内で事業を行う生命保険会社が破綻した場合、生命保険契約者保護機構による補償の対象となる保険契約については、高予定利率契約を除き、（ ① ）の（ ② ）まで補償される。

1）① 既払込保険料相当額　　　② 70%

2）① 死亡保険金額　　　② 80%

3）① 責任準備金等　　　② 90%

問37 所得税において、個人が2024年中に締結した生命保険契約に基づく支払保険料のうち、（　　　）に係る保険料は、介護医療保険料控除の対象となる。

1）傷害特約

2）定期保険特約

3）先進医療特約

問38 生命保険契約において、契約者（＝保険料負担者）および死亡保険金受取人がAさん、被保険者がAさんの父親である場合、被保険者の死亡によりAさんが受け取る死亡保険金は、（　　　）の課税対象となる。

1）贈与税

2）相続税

3）所得税

問39 損害保険において、契約者が負担する保険料と事故発生の際に支払われる保険金は、それぞれの事故発生リスクの大きさや発生確率に見合ったものでなければならないとする考え方を、（　　）という。

1）大数の法則

2）適合性の原則

3）給付・反対給付均等の原則（公平の原則）

問40 リビング・ニーズ特約は、（　①　）、被保険者の余命が（　②　）以内と判断された場合に、所定の範囲内で死亡保険金の一部または全部を生前に受け取ることができる特約である。

1）① 病気やケガの種類にかかわらず　　　② 6カ月

2）① 病気やケガの種類にかかわらず　　　② 1年

3）① 特定疾病に罹患したことが原因で　　② 1年

問41 一定期間内に国内で生産された財やサービスの付加価値の合計額から物価変動の影響を取り除いた指標を、（　　）という。

1）実質GDP

2）名目GDP

3）GDPデフレーター

問42 投資信託の運用において、企業の成長性が市場平均よりも高いと見込まれる銘柄に投資する手法を、（　　）という。

1）パッシブ運用

2）バリュー運用

3）グロース運用

問43 固定利付債券は、一般に、市場金利が上昇すると債券価格が（　①　）し、債券の利回りは（　②　）する。

1）① 上昇　　　② 上昇

2）① 上昇　　　② 低下

3）① 下落　　　② 上昇

問44 債券の信用格付とは、債券やその発行体の信用評価を記号等で示したものであり、一般に、（　　）格相当以上の格付が付された債券を、投資適格債という。
1）A（シングルA）
2）BBB（トリプルB）
3）BB（ダブルB）

問45 外貨預金の預入時において、預入金融機関が提示する（　　）は、預金者が円貨を外貨に換える際に適用される為替レートである。
1）TTB
2）TTM
3）TTS

問46 所得税において、事業的規模で行われている賃貸マンションの貸付による所得は、（　　）となる。
1）不動産所得
2）事業所得
3）雑所得

問47 所得税において、ふるさと納税の謝礼として地方公共団体から受ける返礼品に係る経済的利益は、（　　）として総合課税の対象となる。
1）一時所得
2）配当所得
3）雑所得

問48 所得税において、控除対象扶養親族のうち、その年の12月31日時点の年齢が16歳以上19歳未満である扶養親族に係る扶養控除の額は、扶養親族1人につき（　　）である。
1）38万円
2）48万円
3）63万円

問49 所得税において、控除対象扶養親族のうち、その年の12月31日時点の年齢が（ ① ）以上（ ② ）未満である者は、特定扶養親族に該当する。

1) ① 16歳　　② 19歳
2) ① 18歳　　② 22歳
3) ① 19歳　　② 23歳

問50 その年の1月16日以後新たに事業所得を生ずべき業務を開始した納税者が、その年分から所得税の青色申告の承認を受けようとする場合、原則として、その業務を開始した日から（　　　）以内に、青色申告承認申請書を納税地の所轄税務署長に提出しなければならない。

1) 2カ月
2) 3カ月
3) 6カ月

問51 土地の登記記録において、所有権に関する事項は、（　　　）に記録される。

1) 表題部
2) 権利部（甲区）
3) 権利部（乙区）

問52 借地借家法によれば、定期建物賃貸借契約（定期借家契約）の賃貸借期間が1年以上である場合、賃貸人は、原則として、期間満了の1年前から（　　　）前までの間に、賃借人に対して期間満了により契約が終了する旨の通知をしなければ、その終了を賃借人に対抗することができない。

1) 1カ月
2) 3カ月
3) 6カ月

問53 建物の区分所有等に関する法律（区分所有法）によれば、2024年中における規約の変更は、区分所有者および議決権の各（　　　）以上の多数による集会の決議によらなければならない。

1）3分の2
2）4分の3
3）5分の4

問54 投資総額5,000万円で購入した賃貸用不動産の年間収入の合計額が270万円、年間費用の合計額が110万円である場合、この投資の純利回り（ＮＯＩ利回り）は、（　　　）である。

1）2.2%
2）3.2%
3）5.4%

問55 相続により取得した土地について、「相続財産に係る譲渡所得の課税の特例」（相続税の取得費加算の特例）の適用を受けるためには、当該土地を、当該相続の開始があった日の翌日から相続税の申告期限の翌日以後（　　　）を経過する日までの間に譲渡しなければならない。

1）2年
2）3年
3）5年

問56 贈与税の配偶者控除は、婚姻期間が（　①　）以上である配偶者から居住用不動産の贈与または居住用不動産を取得するための金銭の贈与を受け、所定の要件を満たす場合、贈与税の課税価格から基礎控除額のほかに最高（　②　）を控除することができる特例である。

1）① 10年　　　② 2,500万円
2）① 20年　　　② 2,500万円
3）① 20年　　　② 2,000万円

問57 個人が死因贈与によって取得した財産は、課税の対象とならない財産を除き、（　　）の課税対象となる。

1）贈与税
2）相続税
3）所得税

問58 「直系尊属から結婚・子育て資金の一括贈与を受けた場合の贈与税の非課税」の適用を受ける場合、贈与税が非課税となる金額は、受贈者1人につき最大（　　）である。

1）1,000万円
2）1,500万円
3）2,000万円

問59 相続税額の計算上、死亡保険金の非課税金額の規定による非課税限度額は、「（　　）×法定相続人の数」の算式により算出される。

1）300万円
2）500万円
3）600万円

問60 被相続人の孫で当該被相続人の養子となっている者は、代襲相続人である場合を除き、相続税額の計算上、（　　）加算の対象となる。

1）2割
2）3割
3）5割

問題編

2024年度　CBT方式
ファイナンシャル・プランニング技能検定

３級学科試験

試験時間：90分

《第 3 回》

次の文章を読んで、正しいものまたは適切なものには○を、誤っているものまたは不適切なものには×をつけなさい。

問1　税理士資格を有しないファイナンシャル・プランナーが、顧客に対して、所得税の医療費控除について法律の条文を基に一般的な説明を行う行為は、税理士法に抵触する。

問2　国民年金の付加保険料納付済期間を有する者が、老齢基礎年金の繰下げ支給の申出をした場合、付加年金は、老齢基礎年金と同様の増額率によって増額される。

問3　遺族基礎年金を受給することができる遺族は、国民年金の被保険者等の死亡の当時、その者によって生計を維持され、かつ、所定の要件を満たす「子のある配偶者」または「子」である。

問4　日本政策金融公庫の教育一般貸付（国の教育ローン）は、返済期間が最長18年であり、在学期間中は利息のみの返済とすることができる。

問5　住宅ローンの一部繰上げ返済では、返済期間を変更せずに毎月の返済額を減額する返済額軽減型よりも、毎月の返済額を変更せずに返済期間を短くする期間短縮型のほうが、他の条件が同一である場合、通常、総返済額は少なくなる。

問6　こども保険（学資保険）において、保険期間中に契約者（＝保険料負担者）である親が死亡した場合、一般に、既払込保険料相当額の死亡保険金が支払われて契約は消滅する。

問7　定期保険特約付終身保険では、定期保険特約の保険金額を同額で自動更新すると、更新後の保険料は、通常、更新前と変わらない。

問8　海外旅行傷害保険では、海外旅行中に発生した地震によるケガは補償の対象とならない。

問9 普通傷害保険では、特約を付帯していない場合、細菌性食中毒は補償の対象とならない。

問10 医療保険に付加される先進医療特約において、先進医療給付金の支払対象とされている先進医療は、療養を受けた時点において厚生労働大臣によって定められているものである。

問11 物価が継続的に上昇するインフレーションの経済環境においては、一般的に、金利が上昇しやすい。

問12 インデックスファンドは、日経平均株価や東証株価指数（TOPIX）などの特定の指標に連動することを目指して運用されるファンドである。

問13 配当性向とは、当期純利益に占める配当金総額の割合を示す指標である。

問14 オプション取引において、他の条件が同じであれば、満期までの残存期間が短いほど、プレミアム（オプション料）は高くなる。

問15 2024年から導入された新しいNISAの成長投資枠における年間非課税投資額は、240万円までである。

問16 土地は、減価償却資産ではない。

問17 夫が生計を一にする妻の負担すべき国民年金の保険料を支払った場合、その支払った金額は、夫に係る所得税の社会保険料控除の対象となる。

問18 所得税において、国民年金基金の掛金は、社会保険料控除の対象となる。

問19 所得税において、生計を一にする配偶者の合計所得金額が48万円を超える場合、配偶者控除の適用を受けることはできない。

問20 住宅ローンを利用してマンションを取得し、所得税の住宅借入金等特別控除の適用を受ける場合、借入金の償還期間は、20年以上でなければならない。

問21 不動産の登記事項証明書は、対象不動産の所有者以外の者であっても、所定の手数料を納付して交付を請求することができる。

問22 借地借家法において、定期建物賃貸借契約（定期借家契約）では、契約当事者の合意があっても、存続期間を1年未満とすることはできない。

問23 都市計画法において、市街化区域内で行う開発行為は、その規模にかかわらず、都道府県知事等の許可を受けなければならない。

問24 都市計画区域内にある幅員4m未満の道で、建築基準法第42条第2項により道路とみなされるものについては、原則として、その中心線からの水平距離で2m後退した線がその道路の境界線とみなされる。

問25 「被相続人の居住用財産（空き家）に係る譲渡所得の特別控除の特例」の適用を受けるためには、相続税の申告期限までに当該譲渡を行わなければならない。

問26 定期贈与とは、贈与者が受贈者に対して定期的に財産を給付することを目的とする贈与をいい、贈与者または受贈者の死亡によって、その効力を失う。

問27 「直系尊属から住宅取得等資金の贈与を受けた場合の贈与税の非課税」は、受贈者の贈与を受けた年の年分の所得税に係る合計所得金額が2,000万円を超える場合、適用を受けることができない。

問28 協議分割は、共同相続人全員の協議により遺産を分割する方法であり、その分割割合については、必ずしも法定相続分に従う必要はない。

問29 公正証書遺言の作成においては、証人2人以上の立会いが必要であるが、遺言者の推定相続人はその証人となることができない。

問30 相続人が相続により取得した宅地が「小規模宅地等についての相続税の課税価格の計算の特例」における貸付事業用宅地等に該当する場合、その宅地のうち400㎡までを限度面積として、評価額の80％相当額を減額した金額を、相続税の課税価格に算入すべき価額とすることができる。

次の文章の（　　）内にあてはまる最も適切な文章、語句、数字またはそれらの組合せを１）〜３）のなかから選びなさい。

問31　一定の利率で複利運用しながら一定期間経過後に目標とする額を得るために必要な毎年の積立額を試算する際、目標とする額に乗じる係数は、（　　）である。
１）減債基金係数
２）年金現価係数
３）資本回収係数

問32　国民年金の保険料免除期間に係る保険料のうち、追納することができる保険料は、追納に係る厚生労働大臣の承認を受けた日の属する月前（　　）以内の期間に係るものに限られる。
１）２年
２）５年
３）10年

問33　20年以上勤務した会社を60歳到達月の末日で定年退職し、雇用保険の基本手当の受給資格者となった者が受給することができる基本手当の日数は、最大（　　）である。
１）100日
２）150日
３）200日

問34　子のいない障害等級１級に該当する者に支給される障害基礎年金の額は、子のいない障害等級２級に該当する者に支給される障害基礎年金の額の（　　）に相当する額である。
１）0.75倍
２）1.25倍
３）1.75倍

問35　住宅ローンの返済方法のうち、元利均等返済は、毎月の返済額が一定で、返済期間の経過とともに毎月の元金部分の返済額が（①）返済方法であり、総返済金額は、他の条件が同一である場合、通常、元金均等返済よりも（②）。

1）① 減少する　　　② 多い

2）① 増加する　　　② 多い

3）① 増加する　　　② 少ない

問36　生命保険の保険料は、（①）および収支相等の原則に基づき、予定死亡率、（②）、予定事業費率の3つの予定基礎率を用いて計算される。

1）① 大数の法則　　　② 予定利率

2）① 適合性の原則　　② 予定利率

3）① 適合性の原則　　② 予定損害率

問37　変額個人年金保険は、（①）の運用実績に基づいて将来受け取る年金額等が変動するが、一般に、（②）については最低保証がある。

1）① 特別勘定　　　② 死亡給付金額

2）① 特別勘定　　　② 解約返戻金額

3）① 一般勘定　　　② 解約返戻金額

問38　個人年金保険の年金の種類のうち、年金支払期間中に被保険者が生存している限り、契約で定めた一定期間、年金が支払われるものは、（　　）である。

1）有期年金

2）確定年金

3）生存年金

問39　自動車を運行中にハンドル操作を誤ってガードレールに衝突し、被保険者である運転者がケガをした場合、（　　）による補償の対象となる。

1）対人賠償保険

2）人身傷害補償保険

3）自動車損害賠償責任保険

問40 がん保険では、一般に、（　　　）程度の免責期間が設けられており、この期間中にがんと診断されたとしても診断給付金は支払われない。

1）90日

2）120日

3）180日

問41 日本銀行が売りオペレーションを行うと、市場の資金量が（ ① ）することから、市場金利は（ ② ）しやすくなる。

1）①減少　　　　②上昇

2）①増加　　　　②低下

3）①減少　　　　②低下

問42 株式投資信託の運用において、日経平均株価や東証株価指数（ＴＯＰＩＸ）などの特定の指標をベンチマークとし、これを上回る運用成果を目指す手法を（　　　）という。

1）パッシブ運用

2）アクティブ運用

3）インデックス運用

問43 表面利率（クーポンレート）2％、残存期間5年の固定利付債券を、額面100円当たり104円で購入し、2年後に額面100円当たり102円で売却した場合の所有期間利回り（年率・単利）は、（　　　）である。なお、税金や手数料等は考慮しないものとし、答は表示単位の小数点以下第3位を四捨五入している。

1）0.96％

2）1.54％

3）2.88％

問44 株式の投資指標である（　　　）は、株価を1株当たり当期純利益で除して算出される。

1）PBR

2）PER

3）ROE

問45 オプション取引において、特定の商品を将来の一定期日にあらかじめ決められた価格で買う権利のことを（ ① ）・オプションといい、他の条件が同じであれば、一般に、満期までの残存期間が長いほど、プレミアム（オプション料）は（ ② ）なる。

1）①コール　　　　②高く

2）①コール　　　　②低く

3）①プット　　　　②低く

問46 給与所得者が35年間勤務した会社を定年退職し、退職金3,000万円の支給を受けた場合、退職所得の金額の計算上、退職所得控除額は（　　　）となる。

1）$\{800万円 + 70万円 \times (35年 - 20年)\} \times \dfrac{1}{2} = 925万円$

2）$800万円 + 40万円 \times (35年 - 20年) = 1,400万円$

3）$800万円 + 70万円 \times (35年 - 20年) = 1,850万円$

問47 下記の＜資料＞において、所得税における不動産所得の金額の計算上生じた損失の金額のうち、他の所得の金額と損益通算が可能な金額は、（　　　）である。

＜資料＞不動産所得に関する資料

総収入金額	200万円
必要経費	400万円 （不動産所得を生ずべき土地等を取得するために要した負債の利子の額50万円を含む）

1）150万円

2）200万円

3）400万円

問48 確定拠出年金の個人型年金の老齢給付金について、その全額を一時金で受け取った場合、当該老齢給付金は、（　　　）として所得税の課税対象となる。

1）一時所得

2）退職所得

3）雑所得

問49 納税者Ａさんが疾病の治療のために入院し、手術した場合、Ａさんが支払った費用のうち、（　　）は、所得税の医療費控除の対象とならない。

1）入院時の手術代

2）入院の際の洗面具等の購入費用

3）入院時に病院に支払った食事代

問50 所得税において、納税者の合計所得金額が2,400万円以下である場合、基礎控除の額は、（　　）である。

1）38万円

2）48万円

3）63万円

問51 都道府県地価調査の基準地の標準価格は、毎年（　①　）を価格判定の基準日として調査され、都道府県知事により毎年（　②　）頃に公表される。

1）①1月1日　　②3月

2）①1月1日　　②9月

3）①7月1日　　②9月

問52 宅地建物取引業法において、宅地建物取引業者が依頼者と締結する宅地または建物の売買の媒介契約のうち、専任媒介契約の有効期間は、最長（　　）である。

1）1カ月

2）3カ月

3）6カ月

問53 建物の区分所有等に関する法律（区分所有法）によれば、集会においては、区分所有者および議決権の各（　　）以上の多数により、区分所有建物を取り壊し、その敷地上に新たに建物を建築する旨の決議（建替え決議）をすることができる。

1）3分の2

2）4分の3

3）5分の4

問54 所得税の計算において、個人が土地を譲渡したことによる譲渡所得が長期譲渡所得に区分されるためには、土地を譲渡した年の1月1日における所有期間が（　）を超えていなければならない。

1) 5年
2) 10年
3) 20年

問55 個人が自宅の土地および建物を譲渡し、「特定の居住用財産の買換えの場合の長期譲渡所得の課税の特例」の適用を受けるためには、譲渡した年の1月1日において譲渡資産の所有期間が（①）を超えていることや、譲渡資産の譲渡対価の額が（②）以下であることなどの要件を満たす必要がある。

1) ① 5年　　　② 1億円
2) ① 5年　　　② 1億6,000万円
3) ① 10年　　② 1億円

問56 相続時精算課税の適用を受けた場合、特定贈与者ごとに年間110万円までの基礎控除および特別控除額として累計（①）までの贈与には贈与税が課されず、その額を超えた部分については一律（②）の税率により贈与税が課される。

1) ① 2,000万円　　② 25%
2) ① 2,000万円　　② 20%
3) ① 2,500万円　　② 20%

問57 法定相続人である被相続人の（　）は、遺留分権利者とはならない。

1) 父母
2) 兄弟姉妹
3) 養子

問58 下記の＜親族関係図＞において、Ａさんの相続における長男Ｃさんの法定相続分は、（　　）である。

＜親族関係図＞

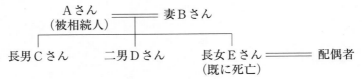

1）3分の1
2）4分の1
3）6分の1

問59 相続税の申告書の提出は、原則として、その相続の開始があったことを知った日の翌日から（　　）以内にしなければならない。

1）4カ月
2）6カ月
3）10カ月

問60 相続または遺贈により財産を取得した者が、被相続人の（　　）である場合、その者は相続税額の2割加算の対象となる。

1）父母
2）配偶者
3）兄弟姉妹

問題編

2024年度　CBT方式
ファイナンシャル・プランニング技能検定

３級実技試験《日本FP協会》
（資産設計提案業務）

試験時間：60分

《 第 1 回 》

次の《問１》から《問20》について解答しなさい。

《問１》　ファイナンシャル・プランニング業務を行うに当たっては、関連業法を順守することが重要である。ファイナンシャル・プランナー（以下「FP」という）の行為に関する次の記述のうち、最も不適切なものはどれか。

１）社会保険労務士資格を有していないFPが、顧客の「ねんきん定期便」等の資料を参考に、公的年金の受給見込み額を試算した。

２）投資助言・代理業の登録を受けていないFPが、顧客と投資顧問契約を締結し、当該契約に基づいて具体的な投資銘柄と投資タイミングについて有償で助言をした。

３）税理士資格を有していないFPが、相続対策を検討している顧客に対し、一般的な相続税制度の仕組みと手順を解説し、相談料金を受け取った。

《問2》 　下記は、神田家のキャッシュフロー表（一部抜粋）である。このキャッシュフロー表の空欄（ア）、（イ）にあてはまる数値の組み合わせとして、正しいものはどれか。なお、計算過程においては端数処理をせず計算し、計算結果については万円未満を四捨五入すること。

＜神田家のキャッシュフロー表＞　　　　　　　　　　　　　　　　（単位：万円）

経過年数			基準年	1年	2年	3年	4年
西暦（年）			2024	2025	2026	2027	2028
家族・年齢	神田　裕介	本人	48歳	49歳	50歳	51歳	52歳
	明子	妻	47歳	48歳	49歳	50歳	51歳
	菜穂	長女	14歳	15歳	16歳	17歳	18歳
	拓希	長男	12歳	13歳	14歳	15歳	16歳
ライフイベント			住宅リフォーム	拓希中学入学	菜穂高校入学		拓希高校入学
		変動率					
収入	給与収入（本人）	1％	520				
	給与収入（妻）	1％	450				
	収入合計	—	970	980	989	1,000	
支出	基本生活費	2％	380				（　ア　）
	住宅関連費	—	180	180	180	180	180
	教育費	—				120	
	保険料	—	57	57	57	65	65
	一時的支出	—	400				
	その他支出	—				36	36
	支出合計	—	1,121				
年間収支			▲151		357	196	
金融資産残高		1％	685	1,047	（　イ　）		

※年齢および金融資産残高は各年12月31日現在のものとし、2024年を基準年とする。
※給与収入は可処分所得で記載している。
※記載されている数値は正しいものとする。
※問題作成の都合上、一部を空欄にしてある。

1）（ア）410　　　　（イ）874

2）（ア）411　　　　（イ）1,414

3）（ア）420　　　　（イ）1,052

《**問3**》 下表の空欄（ア）にあてはまる金額として、正しいものはどれか。なお、＜資料＞に記載のあるデータに基づいて解答することとする。

（単位：万円）

[資産]　　×××	[負債]　　×××
	負債合計　×××
	[純資産]　（ア）
資産合計　×××	負債・純資産合計　×××

＜資料＞

[保有財産（時価）]（単位：万円）

＜金融資産＞	
普通預金	240
定期預金	400
投資信託	450
上場株式	210
生命保険（解約返戻金相当額）	50
不動産（自宅マンション）	3,700

[負債残高]

住宅ローン（自宅マンション）：1,000万円（団体信用生命保険付き）

1）1,250（万円）

2）3,900（万円）

3）4,050（万円）

－40－

《**問4**》 田中さんは、60歳で定年を迎えた後、公的年金の支給が始まる65歳までの5年間の生活資金に退職一時金の一部を充てようと考えている。仮に退職一時金のうち700万円を年利2.0％で複利運用しながら5年間で均等に取り崩すこととした場合、年間で取り崩すことができる最大金額として、正しいものはどれか。なお、下記＜資料＞の3つの係数の中から最も適切な係数を選択して計算し、円単位で解答すること。また、税金や記載のない事項については一切考慮しないこととする。

＜資料：係数早見表（年利2.0％）＞

	終価係数	資本回収係数	減債基金係数
5年	1.104	0.21216	0.19216

＊記載されている数値は正しいものとする。

1） 960,800円

2） 1,485,120円

3） 1,521,600円

《**問5**》 中田さんは、病気やケガで働けなくなった場合、健康保険からどのような給付が受けられるのか、FPの平川さんに質問をした。平川さんが行った健康保険（全国健康保険協会管掌健康保険）の傷病手当金に関する次の回答の空欄（ア）、（イ）にあてはまる数値または語句の組み合わせとして、正しいものはどれか。

＜平川さんの回答＞

> 「傷病手当金は業務外の病気やケガの療養のため、勤務先を休んだ日が連続して3日間続いた後4日目以降の休業して賃金が受けられない日について支給されます。休業1日当たりの支給額は、支給開始日以前の継続した（ ア ）カ月間の各月の標準報酬月額の平均額を30で除した額の（ イ ）相当額です。」

1）（ア） 6　　　（イ） 2分の1

2）（ア） 12　　（イ） 3分の2

3）（ア） 24　　（イ） 4分の3

《**問6**》　下記＜資料＞は、ＭＸファンドの販売用資料（一部抜粋）である。この投資信託に関する次の記述のうち、最も不適切なものはどれか。

＜資料＞

販売用資料
2024.04

ＭＸファンド

（四半期分配型）
追加型投信／内外／資産複合

複数の資産（債券、株式、REIT）に分散投資し、信託財産の成長と安定した収益の確保をめざして運用を行います。

（省略）

≪ファンドに係る費用・税金≫
購入時手数料：3.3％（税込）
運用管理費用（信託報酬）：純資産総額に対し年率1.18％（税込）
信託財産留保額：ありません。
税金：（省略）

（省略）

1）ＭＸファンドは、2024年1月より開始されたNISA口座で購入することができる。

2）ＭＸファンドは、運用状況によっては収益分配金が支払われないこともある。

3）ＭＸファンドを購入する際、投資家が支払う購入代金は

「$\dfrac{基準価額（1万口当たり）}{1万口}$×購入口数＋購入時手数料（税込）

＋運用管理費用（信託報酬）（税込）」である。

《**問7**》　三田さんは、投資信託の費用についてFPの中井さんに質問をした。下記の空欄（ア）～（ウ）にあてはまる語句に関する次の記述のうち、最も適切なものはどれか。

三田さん：投資信託の費用について教えてください。

中井さん：まず、購入する際に「購入時手数料」がかかります。中には、この手数料が無料である「（　ア　）型」の投資信託もあります。

三田さん：無料もあるのですね。

中井さん：購入時に払う手数料がなくても、保有中に差し引かれる費用があ
りますよ。運用管理費用といって「（　イ　）」とも呼ばれ、運用にかかる経費として、信託財産の残高から日々、差し引かれます。

三田さん：保有中に差し引かれるということは、長期投資をする場合には気にしておきたいですね。

中井さん：そうですね。また、解約する際に「（　ウ　）」が差し引かれる投資信
託もあります。これは、投資家同士の公平性を期し、投資信託の純資産を安定的に保つ目的です。解約する投資家から徴収して投資信託の純資産に残す趣旨で、手数料とは性格が異なります。

1）（ア）にあてはまる語句は、「クローズ」である。

2）（イ）にあてはまる語句は、「口座管理料」である。

3）（ウ）にあてはまる語句は、「信託財産留保額」である。

《問8》 滝沢さんはBS投資信託を新規募集時に1,000万口購入し、特定口座（源泉徴収口座）で保有して収益分配金を受け取っている。下記＜資料＞に基づき、滝沢さんが保有するBS投資信託に関する次の記述の空欄（ア）にあてはまる語句として、正しいものはどれか。

＜資料＞

[BS投資信託の商品概要（新規募集時）]

投資信託の分類：追加型／国内／株式／特殊型（ブル・ベア型）

決算および収益分配：毎年4月25日（休業日の場合には翌営業日）

申込価格：1口当たり1円

申込単位：1万口以上1口単位

基準価額：当ファンドにおいては、1万口当たりの価額で表示

購入時手数料：購入金額に対して1.6％（税込み）

運用管理費用（信託報酬）：純資産総額に対し年0.8％（税込み）

信託財産留保額：1万口につき解約請求日の翌営業日の基準価額に0.3％を乗
　　　　　　　　じた額

[滝沢さんが保有するBS投資信託の収益分配金受取時の運用状況（1万口当たり）]

収益分配前の個別元本：8,600円

収益分配前の基準価額：9,000円

収益分配金：1,000円

収益分配後の基準価額：8,000円

・収益分配時に、滝沢さんに支払われた収益分配金のうち600円（1万口当たり）
　は（　ア　）である。

1）（ア）普通分配金
2）（ア）元本払戻金（特別分配金）と普通分配金の両方
3）（ア）元本払戻金（特別分配金）

《**問9**》 建築基準法に従い、下記＜資料＞の土地に建築物を建築する場合、その土地に対する建築物の建築面積の最高限度として、正しいものはどれか。なお、記載のない条件については一切考慮しないこととする。

＜資料＞

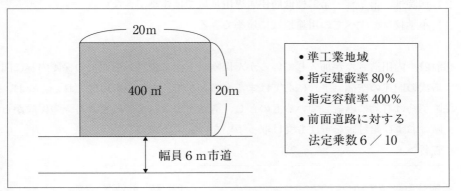

- 準工業地域
- 指定建蔽率80％
- 指定容積率400％
- 前面道路に対する
  法定乗数6／10

1）320㎡

2）1,080㎡

3）1,200㎡

《**問10**》 不動産の取得・保有に係る税金について、下表の空欄（ア）〜（ウ）にあてはまる語句の組み合わせとして、最も適切なものはどれか。

税の種類	登録免許税	不動産取得税	固定資産税
課税主体	（ア）	＊＊＊	＊＊＊
納税義務者	登記を受ける者	不動産の取得者	毎年（イ）現在の固定資産の所有者
課税標準	＊＊＊	（ウ）	＊＊＊

1）（ア）国 （イ）4月1日 （ウ）固定資産税評価額

2）（ア）国 （イ）1月1日 （ウ）固定資産税評価額

3）（ア）都道府県 （イ）1月1日 （ウ）相続税評価額

《問11》 建築基準法の用途制限に従い、用途地域において建築可能な建築物に関する次の記述のうち、最も不適切なものはどれか。

1）住宅は、工業専用地域では建築できない。
2）病院は、第一種・第二種低層住居専用地域では建築できない。
3）小学校は、すべての用途地域に建築できる。

《問12》 内田浩さんが加入しているがん保険（下記＜資料＞参照）の保障内容に関する次の記述の空欄（ア）にあてはまる金額として、正しいものはどれか。なお、保険契約は有効に継続しているものとし、浩さんはこれまでに＜資料＞の保険から保険金および給付金を一度も受け取っていないものとする。

＜資料＞

保険証券記号番号 （○○○）△△△△△		保険種類　がん保険（愛称　＊＊＊＊＊）	
保険契約者	内田　浩　様	保険契約者印	◇契約日（保険期間の始期）　２０２０年８月１日
被保険者	内田　浩　様　契約年齢　４８歳　男性	内田	◇主契約の保険期間　終身
受取人	（給付金）被保険者　様（死亡給付金）内田　里穂　様（妻）	受取割合　１０割	◇主契約の保険料払込期間　終身払込

◆ご契約内容		◆お払い込みいただく合計保険料
主契約[本人型]	がん入院給付金　１日目から　　　　　　　日額１０，０００円 がん通院給付金　　　　　　　　　　　　日額５，０００円 がん診断給付金　初めてがんと診断されたとき　　　１００万円 手術給付金　１回につき　手術の種類に応じてがん入院給付金　　　　　　　　　　　　　　　　日額の１０倍・２０倍・４０倍 死亡保険金　　　　　　　　がん入院給付金日額の１００倍（がん以外の死亡の場合は、がん入院給付金日額の１０倍）	毎回　×，×××円 ［保険料払込方法］月払い

　内田浩さんは、2024年4月に初めてがん（大腸がん、悪性新生物）と診断され、がんの治療のために16日間入院し、その間に手術（給付倍率40倍）を1回受け、退院4ヵ月後に肺炎で11日間入院（手術なし）した。2024年中に支払われる保険金および給付金は、合計（ア）である。

1）610,000円

2）1,560,000円

3）1,720,000円

《**問13**》 会社員の村山徹さんが加入している生命保険は下表のとおりである。下表の保険契約A～Cについて、保険金が支払われた場合の課税に関する次の記述のうち、最も適切なものはどれか。

	保険種類	保険契約者 (保険料負担者)	被保険者	死亡保険金 受取人	満期保険金 受取人
契約A	特定疾病 保障保険	徹さん	妻	子	－
契約B	終身保険	徹さん	徹さん	妻	－
契約C	養老保険	徹さん	徹さん	妻	徹さん

1）契約Aについて、徹さんの子が受け取る死亡保険金は相続税の課税対象となる。

2）契約Bについて、徹さんの妻が受け取る死亡保険金は贈与税の課税対象となる。

3）契約Cについて、徹さんが受け取る満期保険金は所得税・住民税の課税対象となる。

《問14》 損害保険の保険種類と事故の内容について記述した下表１～３のうち、対応する保険で補償の対象とならないものはどれか。なお、記載のない事項については一切考慮しないこととする。

	保険種類	事故の内容
1	個人賠償責任保険（特約）	被保険者が仕事で自転車を使用中に、誤って歩行者と接触し、ケガをさせた場合の損害賠償責任の補償
2	住宅火災保険 ［補償内容］ ・火災、落雷、破裂、爆発 ・風災、ひょう災、雪災	保険の対象である自宅建物の隣家から火災が発生し、延焼により自宅建物が全焼した場合の建物の損害の補償
3	普通傷害保険	草野球チームの試合中にバットが足に直撃し、被保険者が骨折した場合のケガの補償

《問15》 布施さん（68歳）の2024年分の収入等は下記＜資料＞のとおりである。布施さんの2024年分の所得税における総所得金額として、正しいものはどれか。なお、記載のない事項については一切考慮しないこととする。

＜資料＞

内容	金額
アルバイト収入	60万円
老齢年金	320万円

※アルバイト収入は給与所得控除額を控除する前の金額である。
※老齢年金は公的年金等控除額を控除する前の金額である。

＜給与所得控除額の速算表＞

給与収入金額		給与所得控除額
万円超	万円以下	
	162.5	55万円
162.5	～ 180	収入金額×40％－10万円
180	～ 360	収入金額×30％＋8万円
360	～ 660	収入金額×20％＋44万円
660	～ 850	収入金額×10％＋110万円
850	～	195万円

＜公的年金等控除額の速算表＞

納税者区分	公的年金等の収入金額（A）	公的年金等控除額
		公的年金等に係る雑所得以外の所得に係る合計所得金額1,000万円以下
65歳以上の者	330万円以下	110万円
	330万円超410万円以下	（A）×25％＋27.5万円
	410万円超770万円以下	（A）×15％＋68.5万円
	770万円超1,000万円以下	（A）×5％＋145.5万円
	1,000万円超	195.5万円

1）215万円

2）250万円

3）260万円

《**問16**》 会社員の飯田さんは、2024年中に勤務先を定年退職した。飯田さんの退職に係るデータが下記<資料>のとおりである場合、飯田さんの所得税に係る退職所得の金額として、正しいものはどれか。

<資料>

[飯田さんの退職に係るデータ]
・支給された退職一時金：2,000万円
・勤続期間：23年8ヵ月
　※1年に満たない月は1年に切り上げて退職所得控除額を計算する。
・勤務した会社で役員であったことはない。
・退職は障害者になったことに基因するものではない。
・2023年以前に受け取った退職金はない。
・「退職所得の受給に関する申告書」は適切に提出されている。

[参考：退職所得控除額の求め方]

勤続年数	退職所得控除額
20年以下	40万円×勤続年数（80万円に満たない場合には、80万円）
20年超	800万円＋70万円×（勤続年数－20年）

1）460万円
2）395万円
3）720万円

《**問17**》 会社員の細田博さんが2024年中に支払った医療費等が下記＜資料＞のとおりである場合、博さんの2024年分の所得税の確定申告における医療費控除の金額として、正しいものはどれか。なお、博さんの2024年中の所得は、給与所得700万円のみであり、支払った医療費等はすべて博さんおよび生計を一にする妻のために支払ったものである。また、保険金等により補てんされた金額はないものとし、医療費控除の金額が最も大きくなるよう計算することとする。

＜資料＞

支払年月	医療等を受けた人	医療機関等	内容	支払金額
2024年2月	妻	A形成外科	美容目的の施術代	150,000円
2024年8月	博さん	B病院	健康診断料（※）	20,000円
2024年9月	博さん	B病院	治療費（※）	260,000円

（※）博さんは2024年8月に受けた健康診断により重大な疾病が発見されたため、同年9月から引き続き入院して治療を行った。

1） 320,000円

2） 180,000円

3） 150,000円

《**問18**》 2024年5月2日に相続が開始された最上昇司さん（被相続人）の＜親族関係図＞が下記のとおりである場合、民法上の相続人および法定相続分の組み合わせとして、最も適切なものはどれか。なお、記載のない条件については一切考慮しないこととする。

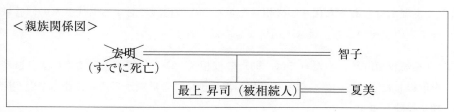

1） 夏美2／3　　　智子1／3

2） 夏美1／2　　　智子1／2

3） 夏美3／4　　　智子1／4

《問19》　FPで税理士でもある小川さんは、池谷光雄さんと妻の紀子さんから贈与税の配偶者控除に関する相談を受けた。池谷さん夫婦からの相談内容に関する記録は下記＜資料＞のとおりである。この相談に対する小川さんの回答の空欄（ア）、（イ）にあてはまる数値の組み合わせとして、最も適切なものはどれか。

＜資料＞

［相談記録］

相談日：2024年5月3日

相談者：池谷光雄様（57歳）池谷紀子様（53歳）

相談内容：贈与税の配偶者控除を活用して、光雄様所有の居住用不動産を紀子様に贈与したいと考えている。贈与税の配偶者控除の適用要件や控除額について知りたい。

［小川さんの回答］

「贈与税の配偶者控除の適用を受けるためには、贈与があった日において、配偶者との婚姻期間が（ ア ）年以上であること等の所定の要件を満たす必要があります。また、贈与税の配偶者控除の額は、最高（ イ ）万円です。」

1）（ア）10　　（イ）1,000

2）（ア）20　　（イ）1,000

3）（ア）20　　（イ）2,000

《問20》　長沼信子さんは、相続税の計算における遺産に係る基礎控除額について、FPで税理士でもある九代さんに相談をした。この相談に対する九代さんの回答について次の記述のうち、最も不適切なものはどれか。

1）「相続税の計算に当たっては、同一の被相続人から相続または遺贈により財産を取得したすべての者に係る相続税の課税価格の合計額から遺産に係る基礎控除額を控除します。」

2）「遺産に係る基礎控除額は、『2,500万円＋500万円×法定相続人の数』の算式によって計算した額となります。」

3）「遺産に係る基礎控除額は、『3,000万円＋600万円×法定相続人の数』の算式によって計算した額となります。」

問題編

2024年度　CBT方式
ファイナンシャル・プランニング技能検定

３級実技試験《日本FP協会》
（資産設計提案業務）

試験時間：60分

《 第 ２ 回 》

次の《問１》から《問20》について解答しなさい。

《問１》　ファイナンシャル・プランニング業務を行うに当たっては、関連業法を順守することが重要である。

ファイナンシャル・プランナー（以下「FP」という）の行為に関する次の記述のうち、最も不適切なものはどれか。

1）税理士資格を有していないFPが、無料の相続相談会において、相談者の持参した資料に基づき、相談者が納付すべき相続税額を計算した。
2）生命保険募集人、保険仲立人の登録を受けていないFPが、生命保険契約を検討している顧客のライフプランに基づき、必要保障額を具体的に試算し、相談料金を受け取った。
3）投資助言・代理業の登録を受けていないFPが、顧客が保有する投資信託の運用報告書に基づき、その記載内容について説明した。

《問2》 下記は、飯野家のキャッシュフロー表（一部抜粋）である。このキャッシュフロー表の空欄（ア）～（ウ）にあてはまる数値として、最も不適切なものはどれか。なお、計算に当たっては、キャッシュフロー表中に記載の整数を使用し、計算結果については万円未満を四捨五入すること。

＜飯野家のキャッシュフロー表＞（単位：万円）

経過年数			基準年	1年	2年	3年	4年
西暦（年）			2024	2025	2026	2027	2028
家族・年齢	飯野　雄介	本人	46歳	47歳	48歳	49歳	50歳
	佳代	妻	45歳	46歳	47歳	48歳	49歳
	愛梨	長女	14歳	15歳	16歳	17歳	18歳
	秀人	長男	12歳	13歳	14歳	15歳	16歳
ライフイベント		変動率		秀人中学入学	愛梨高校入学		秀人高校入学
収入	給与収入（本人）	1％	600				
	給与収入（妻）	―	100	100	100	100	100
	収入合計	―	700	706		718	
支出	基本生活費	1％	240				（ア）
	住宅関連費	―	165	165	165	165	165
	教育費	―	90	120	90	120	180
	保険料	―	42	42	42	42	48
	一時的支出	―					
	その他支出	―	24	36	36	36	36
	支出合計	―	561	605		610	
年間収支			139	101	134	（イ）	▲17
金融資産残高		1％	825	（ウ）			1,002

※年齢および金融資産残高は各年12月31日現在のものとし、2024年を基準年とする。
※給与収入は可処分所得で記載している。
※記載されている数値は正しいものとする。
※問題作成の都合上、一部を空欄にしてある。

1）空欄（ア）：250

2）空欄（イ）：108

3）空欄（ウ）：931

《**問3**》 下表の空欄（ア）にあてはまる金額として、正しいものはどれか。なお、＜設例＞に記載のあるデータに基づいて解答することとする。

(単位：万円)

[資産]　　×××	[負債]　　×××
	負債合計　×××
	[純資産]　（ア）
資産合計　×××	負債・純資産合計　×××

〈資料〉

[保有財産（時価）]（単位：万円）

＜金融資産＞	
普通預金	200
定期預金	400
投資信託	100
上場株式	150
生命保険（解約返戻金相当額）	30
不動産（自宅マンション）	3,500

[負債残高]

住宅ローン（自宅マンション）：2,500万円（団体信用生命保険付き）

1）880（万円）

2）1,850（万円）

3）1,880（万円）

《問4》　千葉さんは、60歳で定年を迎えた後、公的年金の支給が始まる65歳までの5年間の生活資金に退職一時金の一部を充てようと考えている。仮に、退職一時金のうち500万円を年利1.0％で複利運用しながら5年間で均等に取り崩すこととした場合、毎年の生活資金に充てることができる最大金額として、正しいものはどれか。なお、下記＜資料＞の3つの係数の中から最も適切な係数を選択して計算し、解答に当たっては万円未満を切り捨てること。また、税金や記載のない事項については一切考慮しないこととする。

＜資料：係数早見表（年利1.0％）＞

	終価係数	資本回収係数	減債基金係数
5年	0.95147	0.20604	0.19604

＊記載されている数値は正しいものとする。

1）97万円

2）99万円

3）103万円

《問5》　今田さんは、今後高齢の親の介護が必要になった場合を考え、公的介護保険制度について、FPの加藤さんに質問をした。加藤さんが行った介護保険に関する次の説明の空欄（ア）〜（ウ）にあてはまる数値または語句の組み合わせとして、最も適切なものはどれか。

> 「介護保険では、（ア）歳以上の者が加入者となり、保険料は（イ）負担します。介護保険の給付を受けるためには、（ウ）の認定を受ける必要があり、認定審査の判定結果は、『要介護1〜5』『要支援1・2』『非該当』と区分されます。要介護と認定されると居宅サービス、施設サービスのどちらも利用できます。」

1）（ア）40　　　（イ）生涯　　　　　（ウ）市町村または特別区

2）（ア）65　　　（イ）80歳まで　　　（ウ）都道府県

3）（ア）40　　　（イ）80歳まで　　　（ウ）市町村または特別区

《問6》 白根さんは上場株式への投資に興味をもち、FPの榎田さんに質問をした。下記の空欄（ア）〜（ウ）にあてはまる語句に関する次の記述のうち、最も不適切なものはどれか。

> 白根さん：株式会社による株主還元策について教えてください。
>
> 榎田さん：株式会社によっては、手元資金を使い自社の流通株式を買い戻す自社株買いを行う場合があります。自社株買いを行うと市場に出回る株数が減るため、株価に影響する他の要因を考慮しないと仮定した場合、1株当たりの価値は（ ア ）すると考えられます。
>
> 白根さん：株式会社による株主への還元率を表す指標はないのでしょうか。
>
> 榎田さん：配当性向が挙げられます。配当性向とは、株式会社が稼いだ純利益のうち、株主へ配当した割合を表しています。純利益が同額で株主配当金が多ければ、配当性向は（ イ ）なります。
>
> 白根さん：分かりました。ところで、ほかにはどのような株式投資によるメリットがありますか。
>
> 榎田さん：例えば、一定株数以上を保有する株主に対し、株式会社が自社製品や割引券、商品券などの特典等を贈る（ ウ ）が挙げられます。

1) 空欄（ア）にあてはまる語句は、「減少」である。

2) 空欄（イ）にあてはまる語句は、「高く」である。

3) 空欄（ウ）にあてはまる語句は、「株主優待制度」である。

《**問7**》 広尾さんは、預金保険制度の対象となるMA銀行の国内支店に下記
＜資料＞の金融資産を預け入れている。仮に、MA銀行が破綻した場合、預金保険
制度によって保護される金額として、正しいものはどれか。

＜資料＞

	（単位：万円）
普通預金	510
定期預金	220
外貨預金	120
株式投資信託	280

注1：広尾さんは、MA銀行から借入れをしていない。
注2：普通預金は決済用預金ではない。
注3：預金の利息については考慮しないこととする。
注4：MA銀行は過去1年以内に他行との合併等を行っていないこととする。

1）730万円

2）770万円

3）860万円

《**問8**》 下記は、投資信託の費用についてまとめた表である。下表の空欄（ア）〜（ウ）に入る語句として、最も適切なものはどれか。

投資信託の費用	主な内容
購入時手数料 （販売手数料）	購入時に支払う費用。投資信託の種類などにより費用は異なるが、（ ア ）。
運用管理費用 （信託報酬）	運用のための費用や情報開示のための費用として徴収される。信託財産の残高から、（ イ ）、差し引かれる。
信託財産留保額	投資家間の公平性を保つために、一般的に、換金の際に徴収される。差し引かれた金額は、（ ウ ）。投資信託によっては差し引かれないものもある。

1) 空欄（ア）：「同一の投資信託であれば購入時手数料は同額である」
2) 空欄（イ）：「毎日」
3) 空欄（ウ）：「委託会社（運用会社）が受け取る」

《**問9**》　下記＜資料＞の甲土地の建築面積の最高限度を算出する基礎となる敷地面積として、正しいものはどれか。なお、この土地の存する区域は、特定行政庁が指定する区域に該当しないものとし、その他記載のない条件については一切考慮しないこととする。

＜資料＞

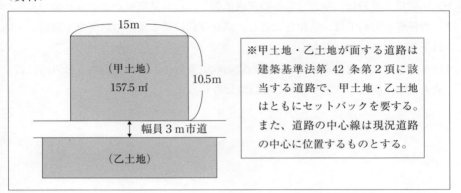

15m

（甲土地）
157.5㎡

10.5m

幅員3m市道

（乙土地）

※甲土地・乙土地が面する道路は建築基準法第42条第2項に該当する道路で、甲土地・乙土地はともにセットバックを要する。また、道路の中心線は現況道路の中心に位置するものとする。

1）140㎡

2）145㎡

3）150㎡

《**問10**》　建物の登記記録に関する下表の空欄（ア）～（ウ）にあてはまる記録事項の組み合わせとして、正しいものはどれか。

＜建物登記記録の構成＞

建物登記記録	表題部		（ア）
	権利部	甲区	（イ）
		乙区	（ウ）

1）（ア）所有権保存登記　　（イ）所有権移転登記　　（ウ）抵当権設定登記

2）（ア）建物の所在や構造　（イ）所有権保存登記　　（ウ）所有権移転登記

3）（ア）建物の所在や構造　（イ）所有権移転登記　　（ウ）抵当権設定登記

《**問11**》 宅地建物の売買・交換において、宅地建物取引業者と交わす媒介契約の種類とその概要に関する次の記述のうち、最も不適切なものはどれか。なお、自己発見取引とは、自ら発見した相手方と売買または交換の契約を締結する行為を指すものとする。

1）一般媒介契約は、複数業者への重複依頼や自己発見取引が認められている。
2）専任媒介契約では、依頼者に対し、媒介契約に係る業務の状況を1週間に1回以上報告しなければならない。
3）専属専任媒介契約を締結した宅地建物取引業者は、契約日から5日以内に指定流通機構に所定の事項を登録しなければない。

《問12》　茂田高志さんが加入している医療保険（下記＜資料＞参照）の保障内容に関する次の記述の空欄（ア）にあてはまる金額として、正しいものはどれか。なお、保険契約は有効に継続しているものとする。また、高志さんはこれまでに＜資料＞の保険から保険金および給付金を一度も受け取っていないものとする。

＜資料＞

保険種類　医療保険（無配当）		保険証券記号番号　△△△－××××	
保険契約者	茂田　高志　様	ご印鑑	◆契約日　２０１７年３月１日 ◆主契約の保険期間　終身 ◆主契約の保険料払込期間　終身
被保険者	茂田　高志　様 契約年齢　３４歳　男性	茂田	
受取人	〔給付金受取人〕被保険者　様 〔死亡保険金受取人〕茂田　美咲　様 ＊保険契約者との続柄：妻		

■ご契約内容

給付金・保険金の内容	給付金額・保険金額	保険期間
入院給付金	日額　５，０００円 ＊病気やケガで２日以上継続入院のとき、入院開始日を含めて１日目から支払います。 ＊同一事由の１回の入院給付金支払い限度は６０日、通算して１，０００日となります。	終身
手術給付金	給付金額　入院給付金日額×１０・２０・４０倍 ＊所定の手術を受けた場合、手術の種類に応じて、手術給付金（入院給付金日額の１０倍・２０倍・４０倍）を支払います。	
死亡・高度障害保険金	保険金　１，０００，０００円 ＊死亡または所定の高度障害状態となった場合に支払います。	

■保険料の内容

払込保険料合計	×，×××円／月
払込方法（回数）：年１２回 払込期月　　　：毎月	

■その他付加されている特約・特則等

保険料口座振替特約
＊以下余白

　茂田高志さんが、2024年中に交通事故で大ケガを負い、給付倍率２０倍の手術（１回）を受け、継続して66日間入院した場合に支払われる保険金は、合計（　ア　）である。

1）300,000円

2）400,000円

3）415,000円

《問13》 牧野浩太さんが2024年中に支払った生命保険の保険料は下記＜資料＞のとおりである。この場合の浩太さんの2024年分の所得税の計算における生命保険料控除の金額として、正しいものはどれか。

なお、＜資料＞の保険について、これまでに契約内容の変更はないものとする。また、2024年分の生命保険料控除額が最も多くなるように計算すること。

＜資料＞

［定期保険（無配当、新生命保険料）］
契約日：2021年5月1日
保険契約者：牧野 浩太
被保険者：牧野 浩太
死亡保険金受取人：牧野 洋子（妻）
2024年の年間支払保険料：78,240円

［医療保険（無配当、介護医療保険料）］
契約日：2018年8月10日
保険契約者：牧野 浩太
被保険者：牧野 浩太
死亡保険金受取人：牧野 洋子（妻）
2024年の年間支払保険料：45,000円

＜所得税の一般の生命保険料控除、介護医療保険料控除および個人年金保険料控除の控除額の速算表＞

［2012年1月1日以降に締結した保険契約（新契約）等に係る控除額］

年間の支払保険料の合計	控除額
20,000円以下	支払保険料の全額
20,000円超40,000円以下	支払保険料×1／2＋10,000円
40,000円超80,000円以下	支払保険料×1／4＋20,000円
80,000円超	40,000円

（注）支払保険料とは、その年に支払った金額から、その年に受けた剰余金や割戻金を差し引いた残りの金額をいう。

1） 39,560円
2） 40,000円
3） 70,810円

《問14》　細井英治さんが契約している自動車保険の主な内容は、下記＜資料＞のとおりである。＜資料＞に基づく次の記述のうち、自動車保険による補償の対象とならないものはどれか。なお、いずれも保険期間中に発生したものであり、被保険自動車の運転者は英治さんである。また、記載のない事項については一切考慮しないものとする。

＜資料＞

自動車保険証券

保険契約者	記名被保険者
氏名　細井　英治　様	（標示のない場合は契約者に々）

保険期間　　　　1年間	合計保険料　△△△△△円

補償種目	保険金額	
車両保険（一般条件）	100万円	
対人賠償	1名	無制限
対物賠償	1事故	無制限
人身傷害（搭乗中のみ担保）	1名	1億円
搭乗者傷害	1名	1,000万円

1）被保険自動車を運転中に、ブレーキ操作を誤り単独事故を起こし、車体が損傷した場合の修理費用
2）被保険自動車に追突した相手車が逃走し、相手から損害賠償金が受けられない場合の英治さんの治療費用
3）被保険自動車を運転中に、誤って自宅のブロック塀を損壊した場合のブロック塀の修理費用

《**問15**》　会社員の浅見守さんが2024年中に支払った医療費等が下記<資料>のとおりである場合、守さんの2024年分の所得税の確定申告における医療費控除の金額として、正しいものはどれか。なお、守さんの2024年分の所得は給与所得650万円のみであり、支払った医療費等はすべて守さんおよび生計を一にする妻のために支払ったものである。また、医療費控除の金額が最も大きくなるよう計算することとし、「特定一般用医薬品等購入費を支払った場合の医療費控除の特例」は考慮しないこととする。

<資料>

支払年月	医療等を受けた人	内容	支払金額
2024年1月	守さん	人間ドック代（※）	50,000円
2024年2月〜3月	守さん	入院費用（※）	220,000円
2024年8月	妻	健康増進のためのビタミン剤の購入代	60,000円
2024年9月	妻	風邪のため市販の風邪薬の購入代	5,000円

（※）人間ドックの結果、重大な疾病が発見され同年2月より治療のため入院した。この入院により医療保険による給付金を8万円受給している。

1）95,000円

2）173,000円

3）193,000円

《**問16**》　下記＜資料＞の３人の会社員のうち、2024年分の所得税において確定申告を行う必要がない者は誰か。なお、＜資料＞に記載のあるデータに基づいて解答することとし、記載のない条件については一切考慮しないこととする。

＜資料：３人の収入等に関するデータ（2024年12月31日時点）＞

氏名	年齢	給与収入 （年収）	勤務先	備考
飯山大介	35歳	500万円	SB銀行	・勤務先の給与収入以外に一時所得の金額が10万円ある。 ・勤務先で年末調整を受けている。
山城正樹	40歳	800万円	SA 食品会社	・収入は勤務先の給与収入のみである。 ・勤務先で年末調整を受けている。 ・2024年中に住宅を取得し、同年分から住宅借入金等特別控除の適用を受けたい。
伊川正志	52歳	2,300万円	TA商事	・収入は勤務先の給与収入のみである。

※給与収入（年収）は2024年分の金額である。

1）　飯山大介

2）　山城正樹

3）　伊川正志

《**問17**》 石原さんは、2024年7月に新築のアパートを購入し、新たに不動産賃貸業を開始した。購入したアパートの建物部分の情報は下記〈資料〉のとおりである。石原さんの2024年分の所得税における不動産所得の金額の計算上、必要経費に算入する減価償却費の金額として、正しいものはどれか。

<資料>

```
取得価額：50,000,000円
取得年月：2024年7月
耐用年数：47年
不動産賃貸の用に供した月：2024年7月
```

<耐用年数表（抜粋）>

耐用年数	定額法の償却率	定率法の償却率
47年	0.022	0.043

1） 550,000円

2） 1,075,000円

3） 1,100,000円

《**問18**》　2024年9月1日に相続が開始された野沢君枝さん（被相続人）の＜親族関係図＞が下記のとおりである場合、民法上の相続人および法定相続分の組み合わせとして、正しいものはどれか。なお、記載のない条件については一切考慮しないこととする。

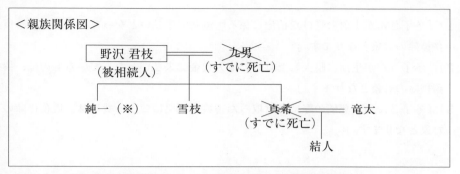

＜親族関係図＞

※純一さんは期限内に家庭裁判所で手続を行い、適法に相続を放棄した。

1）雪枝1／1
2）雪枝1／2　　結人1／2
3）雪枝1／3　　純一1／3　　結人1／3

《**問19**》　杉山さんは、家族のために遺言書を作成することを考えている。公正証書遺言に関する次の記述の空欄（ア）～（ウ）にあてはまる語句の組み合わせとして、最も適切なものはどれか。

> 　公正証書遺言は、遺言者が遺言内容を口述し、（ ア ）が筆記したうえで、遺言者・証人に読み聞かせ、または閲覧させて作成することを原則とし、その作成に当たっては、（ イ ）以上の証人の立会いが必要とされる。なお、公正証書遺言については、家庭裁判所による検認が（ ウ ）とされている。

1）（ア）公証人　　　（イ）2人　　　（ウ）必要
2）（ア）公証人　　　（イ）2人　　　（ウ）不要
3）（ア）裁判官　　　（イ）1人　　　（ウ）不要

《**問20**》　近藤夏子さん（60歳）は、母親である杉田冬子さん（85歳）の相続について、FPで税理士でもある村瀬さんに相談をした。相続税の債務控除に関する村瀬さんの次の説明のうち、最も適切なものはどれか。なお、冬子さんの相続人は、債務控除の適用要件を満たしているものとする。

1）「冬子さんが生前に受けた治療に係る医療費で未払いとなっているものは、債務控除の対象となります。」

2）「冬子さんが生前に購入した墓碑の購入代金で未払いとなっているものは、債務控除の対象となります。」

3）「冬子さんのご葬儀の際に受け取った香典の返戻に要する費用は、債務控除の対象となります。」

問題編

2024年度　CBT方式
ファイナンシャル・プランニング技能検定

３級実技試験《金財》
（個人資産相談業務）

試験時間：60分

《 第 １ 回 》

【第1問】 次の設例に基づいて、下記の各問（《問1》～《問3》）に答えなさい。

───────── 《設　例》 ─────────

　　会社員のAさん（39歳）は、妻Bさん（38歳）、および長男Cさん（6歳）との3人暮らしである。Aさんは、自分に万一のことがあった場合に、妻Bさんが受給することができる公的年金制度の遺族給付について知りたいと思っている。また、まもなく保険料の徴収が始まる公的介護保険の保険給付についても確認しておきたいと思っている。

　　そこで、Aさんは、ファイナンシャル・プランナーのMさんに相談することにした。

＜Aさんの家族構成＞

Aさん：1984年11月14日生まれ

　　　　　会社員（厚生年金保険・全国健康保険協会管掌健康保険に加入）

妻Bさん：1986年6月20日生まれ

　　　　　国民年金に第3号被保険者として加入している。

長男Cさん：2018年1月4日生まれ

＜公的年金加入歴（2024年9月分まで）＞

	20歳	22歳		39歳
Aさん	国民年金 保険料納付済期間 （29月）	厚生年金保険 被保険者期間 （210月）		

	20歳	22歳	Aさんと結婚	38歳
妻Bさん	国民年金 保険料納付済期間 （34月）	厚生年金保険 被保険者期間 （48月）	国民年金 第3号被保険者期間 （138月）	

※妻Bさん、長男Cさんは、現在および将来においても、Aさんと同居し、Aさんと生計維持関係にあるものとする。

※家族全員、現在および将来においても、公的年金制度における障害等級に該当する障害の状態にないものとする。

※上記以外の条件は考慮せず、各問に従うこと。

《問1》 現時点（2024年9月10日）においてAさんが死亡した場合、妻Bさんに支給される遺族基礎年金の年金額（2024年度価額）は、次のうちどれか。

1) 816,000円 + 78,300円 + 78,300円 = 972,600円
2) 816,000円 + 234,800円 + 78,300円 = 1,129,100円
3) 816,000円 + 234,800円 = 1,050,800円

《問2》 Mさんは、現時点（2024年9月10日）においてAさんが死亡した場合に、妻Bさんに支給される遺族厚生年金の金額等について説明した。Mさんが、Aさんに対して説明した以下の文章の空欄①〜③に入る語句または数値の組合せとして、次のうち最も適切なものはどれか。

「遺族厚生年金の額は、原則として、Aさんの厚生年金保険の被保険者記録を基礎として計算した老齢厚生年金の報酬比例部分の額の（ ① ）相当額となります。

ただし、Aさんの場合、その計算の基礎となる被保険者期間の月数が（ ② ）月に満たないため、（ ② ）月とみなして年金額が計算されます。

また、長男Cさんの18歳到達年度の末日が終了し、妻Bさんの有する遺族基礎金の受給権が消滅したときは、妻Bさんが（ ③ ）歳に達するまでの間、妻Bさんに支給される遺族厚生年金に中高齢寡婦加算が加算されます」

1) ① 3分の2　　② 240　　③ 60
2) ① 4分の3　　② 300　　③ 65
3) ① 4分の3　　② 240　　③ 65

《**問3**》 Mさんは、公的介護保険（以下、「介護保険」という）について説明した。Mさんが、Aさんに対して説明した以下の文章の空欄①～③に入る語句の組合せとして、次のうち最も適切なものはどれか。

「介護保険の被保険者が保険給付を受けるためには、（　①　）から要介護・要支援認定を受ける必要があります。介護保険の被保険者は、（　②　）以上の第1号被保険者と40歳以上（　②　）未満の医療保険加入者である第2号被保険者に区分されます。介護保険の第2号被保険者は、特定疾病が原因で要介護状態または要支援状態となった場合に保険給付を受けることができます。
介護保険の第2号被保険者が介護給付を受けた場合、原則として、実際にかかった費用（食費、居住費等を除く）の（　③　）を自己負担する必要があります」

1）① 都道府県　　　　　　② 60歳　　③ 2割
2）① 都道府県　　　　　　② 65歳　　③ 2割
3）① 市町村（特別区を含む）　② 65歳　　③ 1割

【第2問】 次の設例に基づいて、下記の各問（《問4》～《問6》）に答えなさい。

《**設 例**》

　会社員のAさん（28歳）は、株式や投資信託による資産運用を始めたいと考えているが、これまでに投資経験がなく、株式や投資信託の銘柄を選ぶ際の判断材料や留意点について知りたいと思っている。また、2024年1月より開始された新しいNISAにも関心があり、その仕組みについて理解を深めておきたいと考えている。

　そこで、Aさんは、ファイナンシャル・プランナーのMさんに相談することにした。

　Mさんは、Aさんに対して、X社株式（東京証券取引所プライム市場上場銘柄）およびY投資信託を例として、株式や投資信託に投資する際の留意点等について説明を行うことにした。

＜X社に関する資料＞

総資産	8,000億円
自己資本（純資産）	2,800億円
当期純利益	350億円
年間配当金総額	98億円
発行済株式数	1億4,000万株
株価	3,500円
決算期	12月31日

＜Y投資信託（公募株式投資信託）に関する資料＞

　銘柄名：TOPIXインデックス（新しいNISA対象商品）

　投資対象地域／資産：国内／株式

　信託期間：無期限

　基準価額：10,500円（1万口当たり）

　決算日：年1回（10月20日）

　購入時手数料：なし

　運用管理費用（信託報酬）：0.197％（税込）

　信託財産留保額：なし

※上記以外の条件は考慮せず、各問に従うこと。

《問４》　はじめに、Ｍさんは、Ｘ社株式の投資指標について説明した。ＭさんのＡさんに対する説明として、次のうち最も適切なものはどれか。

1）「株価の相対的な割高・割安の度合いを判断する指標に、PERやPBRがあります。＜Ｘ社に関する資料＞から算出されるＸ社株式のPERは1.2倍、PBRは12倍です」
2）「PBRは、一般に、数値が低いほうが株価は割高と判断されますが、何倍程度が妥当であるかを検討する際は、同業他社の数値や過去の傾向と比較するなど、相対的な数値として捉えることが重要です」
3）「株価に対する１株当たりの年間配当金の割合を示す指標を配当利回りといいます。＜Ｘ社に関する資料＞から算出されるＸ社株式の配当利回りは2.0％です」

《問５》　次に、Ｍさんは、Ｙ投資信託の購入に係る費用等について説明した。ＭさんのＡさんに対する説明として、次のうち最も不適切なものはどれか。

1）「新しいNISAでは、国債・地方債などの特定公社債は投資対象外となっています。」
2）「運用管理費用（信託報酬）は、投資信託を保有する投資家が間接的に負担する費用です。一般に、Ｙ投資信託のようなインデックス型投資信託は、アクティブ型投資信託よりも運用管理費用（信託報酬）が高い傾向があります」
3）「信託財産留保額は、投資信託の組入資産を売却する際に発生する手数料等を、投資信託を換金する投資家に負担してもらうことを目的として設けられているものです」

《問６》　最後に、Ｍさんは、2024年１月より導入された「新しいNISA」についてアドバイスした。ＭさんのＡさんに対するアドバイスとして、次のうち最も適切なものはどれか。

1）「新しいNISAの「つみたて投資枠」における年間非課税投資額は150万円です」
2）「2024年以降にNISAの「成長投資枠」と「つみたて投資枠」を利用して株式投資信託等を保有することができる投資上限額（非課税保有限度額）は1,500万円であり、このうち「成長投資枠」での保有は1,000万円が上限となります」
3）「2024年から導入された新しいNISAの「つみたて投資枠」と「成長投資枠」における運用期間は無期限（期限なし）となります」

【第3問】 次の設例に基づいて、下記の各問（《問7》～《問9》）に答えなさい。

《設　例》

　　会社役員のAさんは、妻Bさんおよび長女Cさんとの3人暮らしである。Aさんは、2024年8月から老齢基礎年金を受給している。なお、不動産所得の金額の前の「▲」は赤字であることを表している。

　　また、Aさんは、2024年中にAさん自身に係る入院・手術・通院の医療費を支払ったため、医療費控除の適用を検討している。

＜Aさんとその家族に関する資料＞

Aさん　　　　（65歳）：会社役員

妻Bさん　　　（60歳）：2024年中に、パートタイマーとして給与収入80万円を得ている。

長女Cさん　（25歳）：大学院生。2024年中は、アルバイト収入として50万円を得ている。

＜Aさんの2024年分の収入等に関する資料＞

(1)　給与収入の金額：1,100万円

(2)　老齢基礎年金の年金額：35万円

(3)　不動産所得の金額：▲120万円 [注]

(注)：土地等の取得に係る負債の利子はない

※妻Bさんおよび長女Cさんは、Aさんと同居し、生計を一にしている。

※Aさんとその家族は、いずれも障害者および特別障害者には該当しない。

※Aさんとその家族の年齢は、いずれも2024年12月31日現在のものである。

※上記以外の条件は考慮せず、各問に従うこと。

《**問7**》　Ａさんの2024年分の所得税における総所得金額は、次のうちどれか。

<資料>給与所得控除額

給与収入金額		給与所得控除額
万円超	万円以下	
～	180	収入金額×40％－10万円（55万円に満たない場合は、55万円）
180 ～	360	収入金額×30％＋ 8 万円
360 ～	660	収入金額×20％＋44万円
660 ～	850	収入金額×10％＋110万円
850 ～		195万円

1 ）740万円

2 ）785万円

3 ）840万円

《**問8**》 Aさんの2024年分の所得税における所得控除に関する以下の文章の空欄①～③に入る数値の組合せとして、次のうち最も適切なものはどれか。

> ⅰ）「妻Bさんの合計所得金額は（ ① ）万円以下であるため、Aさんは配偶者控除の適用を受けることができます。Aさんが適用を受けることができる配偶者控除の控除額は、（ ② ）万円です」
>
> ⅱ）「Aさんが適用を受けることができる長女Cさんに係る扶養控除は（ ③ ）であり、その控除額は、38万円です」

1）① 38　　　② 48　　　③ 一般の控除対象扶養親族
2）① 48　　　② 38　　　③ 一般の控除対象扶養親族
3）① 103　　② 48　　　③ 特定扶養親族

《**問9**》 Aさんの2024年分の所得税における医療費控除に関する次の記述のうち、最も適切なものはどれか。

1）「Aさんが2024年中に支払った医療費の金額の合計額が15万円を超えていない場合、医療費控除額は算出されません」
2）「生命保険契約から支払われた入院給付金や健康保険から支給を受けた高額療養費がある場合は、支払った医療費の総額からそれらの金額を控除する必要があります」
3）「Aさんは、2024年中に支払った医療費の領収書を勤務先に提出することで、年末調整において医療費控除の適用を受けることができます」

【第4問】 次の設例に基づいて、下記の各問（《問10》～《問12》）に答えなさい。

《設 例》

Aさん（52歳）は、数年前に父親が死亡し、実家（甲土地および建物）を相続により取得した。父親が1人で暮らしていた実家の建物（築40年）は、父親が亡くなってから空き家となっている。

Aさんは、実家に戻る予定はないため、実家の建物を取り壊し、甲土地を売却することを検討している。しかし、先日、不動産会社を通じて、大手外食チェーンのX社から、「新規出店のため、甲土地について事業用定期借地権の設定契約を締結してもらえないか」との提案を受けたことから、甲土地の有効活用にも興味を抱くようになった。

＜甲土地の概要＞

用途地域：第一種住居地域
指定建蔽率：60％
指定容積率：300％
前面道路幅員による容積率の制限：
前面道路幅員×$\frac{4}{10}$
防火規制：防火地域

N

幅員6ｍ（公道）

20ｍ

甲土地：400㎡

幅員5ｍ（公道）

20ｍ

・甲土地は、建蔽率の緩和について特定行政庁が指定する角地である。

・指定建蔽率および指定容積率とは、それぞれ都市計画において定められた数値である。

・特定行政庁が都道府県都市計画審議会の議を経て指定する区域ではない。

※上記以外の条件は考慮せず、各問に従うこと。

《**問10**》　甲土地に耐火建築物を建築する場合の①建蔽率の上限となる建築面積と②容積率の上限となる延べ面積の組合せとして、次のうち最も適切なものはどれか。

1 ）①320㎡　　②1,400㎡

2 ）①320㎡　　②960㎡

3 ）①400㎡　　②1,400㎡

《**問11**》　「被相続人の居住用財産（空き家）に係る譲渡所得の特別控除の特例」（以下、「本特例」という）に関する以下の文章の空欄①〜③に入る語句または数値の組合せとして、次のうち最も適切なものはどれか。

> ⅰ）「被相続人の居住用家屋およびその敷地を取得した相続人が、その家屋や敷地を譲渡し、本特例の適用を受けた場合、最高（　①　）万円の特別控除の適用を受けることができます。本特例の対象となる家屋は、（　②　）以前に建築されたもので、マンションなどの区分所有建物登記がされている建物は対象になりません」
>
> ⅱ）「本特例の適用を受けるためには、譲渡価額が 1 億円以下であること、2027年12月31日までに行われる譲渡で相続開始日から同日以後（　③　）を経過する日の属する年の12月31日までに譲渡することなど、所定の要件を満たす必要があります」

1 ）①3,000　　②1981年 5 月31日　　③ 3 年

2 ）①3,000　　②1982年 6 月 1 日　　③ 5 年

3 ）①5,000　　②1982年 1 月 1 日　　③ 5 年

《**問12**》 事業用定期借地権方式に関する次の記述のうち、最も適切なものはどれか。

1）「事業用定期借地権方式は、X社が甲土地を契約で一定期間賃借し、X社が甲土地上に店舗を建築する方式です。Aさんは、土地を手放さずに安定した地代収入を得ることができ、原則として契約期間満了時には土地が更地で返還されます」
2）「Aさんが、甲土地についてX社と事業用定期借地権の設定契約を締結する場合、その契約は、書面であればよく、公正証書による必要はありません」
3）「Aさんと事業用定期借地権の設定契約を締結したX社が、甲土地上に店舗を建築し、その賃貸期間中にAさんの相続が開始した場合、相続税額の計算上、甲土地は貸家建付地として評価されます」

【第5問】 次の設例に基づいて、下記の各問（《問13》～《問15》）に答えなさい。

《設　例》

　Aさん（82歳）は、妻Bさん（78歳）との2人暮らしである。Aさん夫妻には、2人の子がいるが、二男Dさんは既に他界している。Aさんは、孫Eさん（24歳）および孫Fさん（11歳）に対して、相応の資産を承継させたいと考えている。

＜Aさんの親族関係図＞

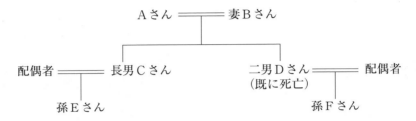

＜Aさんが保有する主な財産（相続税評価額）＞

　現預金：1億円

　上場株式：5,000万円

　自宅（敷地310㎡）：8,000万円（注）

　自宅（建物）：1,000万円

（注）「小規模宅地等についての相続税の課税価格の計算の特例」適用前の金額

※上記以外の条件は考慮せず、各問に従うこと。

《問13》 Aさんは、孫Fさんに対して教育資金の援助をしたいと検討している。教育資金を贈与した場合の「直系尊属から教育資金の一括贈与を受けた場合の贈与税の非課税」（以下、「本制度」という）に関する次の記述のうち、最も不適切なものはどれか。

1）「本制度の適用を受けた場合、受贈者1人につき1,500万円までは贈与税が非課税となります。ただし、学習塾などの学校等以外の者に対して直接支払われる金銭については500万円が限度となります」

2）「Aさんからの資金援助について、孫Fさんが本制度の適用を受けるためには、教育資金の贈与を受けた年の前年分の孫Fさんの所得税に係る合計所得金額が1,000万円以下でなければなりません」

3）「受贈者である孫Fさんが22歳到達年度の末日に達すると、教育資金管理契約は終了します。そのときに、非課税拠出額から教育資金支出額を控除した残額があるときは、当該残額は受贈者のその年分の贈与税の課税価格に算入されます」

《問14》 現時点（2024年5月22日）において、Aさんの相続が開始した場合に関する次の記述のうち、最も不適切なものはどれか。

1）「妻Bさんが自宅の敷地と建物を相続し、『小規模宅地等についての相続税の課税価格の計算の特例』の適用を受けた場合、自宅の敷地（相続税評価額8,000万円）について、相続税の課税価格に算入すべき価額を1,600万円とすることができます」

2）「孫Fさんが相続により財産を取得した場合、孫Fさんは相続税額の2割加算の対象とはなりません」

3）「相続税の申告書は、原則として、相続の開始があったことを知った日の翌日から3カ月以内に、被相続人であるAさんの死亡時の住所地を所轄する税務署長に提出しなければなりません」

《問15》　Ａさんの相続が現時点（2024年5月22日）で開始し、Ａさんの相続に係る課税遺産総額（課税価格の合計額−遺産に係る基礎控除額）が1億2,000万円であった場合の相続税の総額は、次のうちどれか。

＜資料＞相続税の速算表（一部抜粋）

法定相続分に応ずる取得金額			税率	控除額
万円超		万円以下		
		1,000	10%	−
1,000	〜	3,000	15%	50万円
3,000	〜	5,000	20%	200万円
5,000	〜	10,000	30%	700万円
10,000	〜	20,000	40%	1,700万円

1）1,900万円

2）2,200万円

3）3,100万円

問題編

2024年度　CBT方式
ファイナンシャル・プランニング技能検定

３級実技試験《金財》
（個人資産相談業務）

試験時間：60分

《第 2 回》

【第1問】 次の設例に基づいて、下記の各問（《問1》～《問3》）に答えなさい。

《設 例》

　X株式会社（以下、「X社」という）に勤務するAさん（56歳）は、長女C さん（19歳）との2人暮らしである。Aさんは、長女Cさんが3歳のときに 長女Cさんの父親Bさんと離婚している。

　X社では、定年年齢が65歳に引き上げられており、Aさんは65歳まで勤務 する予定である。Aさんは、現在、定年退職後の資金計画を検討しており、 公的年金制度から支給される老齢給付について理解を深めたいと思っている。

　また、今年20歳になる大学生の長女Cさんの国民年金の保険料の納付につ いて、学生納付特例制度の利用を検討している。そこで、Aさんは、懇意に しているファイナンシャル・プランナーのMさんに相談することにした。

＜Aさんとその家族に関する資料＞

(1) Aさん（1968年10月13日生まれ・56歳・会社員）

・公的年金加入歴：下図のとおり（65歳定年時までの見込みを含む）20歳か ら大学生であった期間（30月）は国民年金に任意加入し ていない。大学卒業後、X社に入社し、現在に至るまで 同社に勤務している。

・健康保険（保険者：健康保険組合）、雇用保険に加入中

(2) 長女Cさん（2004年12月20日生まれ・19歳・大学生）

20歳	22歳		65歳
国民年金 未加入期間 （30月）	厚生年金保険 被保険者期間 （144月）	被保険者期間 （366月）	
	（2003年3月以前の 平均標準報酬月額30万円）	（2003年4月以後の 平均標準報酬額40万円）	

※長女Cさんは、現在および将来においても、Aさんと同居し、Aさんと生計維持 関係にあるものとする。

※家族全員、現在および将来においても、公的年金制度における障害等級に該当す る障害の状態にないものとする。

※上記以外の条件は考慮せず、各問に従うこと。

《問1》　はじめに、Mさんは、Aさんが老齢基礎年金の受給を65歳から開始した場合の年金額を試算した。Mさんが試算した老齢基礎年金の年金額の計算式として、次のうち最も適切なものはどれか。なお、老齢基礎年金の年金額は、2024年度価額に基づいて計算するものとする。

1）$816,000 円 \times \dfrac{450 月}{480 月}$

2）$816,000 円 \times \dfrac{480 月}{480 月}$

3）$816,000 円 \times \dfrac{510 月}{480 月}$

《問2》　次に、Mさんは、老齢厚生年金について説明した。MさんのAさんに対する説明として、次のうち最も適切なものはどれか。

1）「1961年4月2日以後に生まれた男性の場合、報酬比例部分のみの特別支給の老齢厚生年金の支給はありません。女性の支給開始年齢は5年遅れで引き上げられていますので、Aさんは62歳から特別支給の老齢厚生年金を受け取ることができます」

2）「Aさんの厚生年金保険の被保険者期間は20年以上ありますので、Aさんが65歳から受給することができる老齢厚生年金の年金額には加給年金額が加算されます」

3）「Aさんが65歳に達すると、老齢基礎年金および老齢厚生年金の受給権が発生します。Aさんが65歳から受給する老齢厚生年金は、65歳到達時における厚生年金保険の被保険者記録を基に計算されます」

《問3》　最後に、Mさんは、国民年金の学生納付特例制度（以下、「本制度」という）について説明した。Mさんが、Aさんに対して説明した以下の文章の空欄①〜③に入る語句または数値の組合せとして、次のうち最も適切なものはどれか。

> 「本制度は、国民年金の第1号被保険者で大学等の所定の学校に在籍する学生について、（　①　）の前年所得が一定額以下の場合、被保険者等からの申請に基づき、国民年金保険料の納付を猶予する制度です。なお、本制度の適用を受けた期間は、老齢基礎年金の（　②　）。
>
> 本制度の適用を受けた期間の保険料は、（　③　）年以内であれば、追納することができます。ただし、本制度の承認を受けた期間の翌年度から起算して、3年度目以降に保険料を追納する場合には、承認を受けた当時の保険料額に経過期間に応じた加算額が上乗せされます」

1）① 世帯主　　　② 受給資格期間に算入されます　　　③ 10

2）① 学生本人　　② 年金額には反映されません　　　　③ 10

3）① 世帯主　　　② 受給資格期間に算入されません　　　③ 20

【第２問】 次の設例に基づいて、下記の各問（《問４》～《問６》）に答えなさい。

《 設 例 》

会社員のＡさん（58歳）は、国内の銀行であるＸ銀行の米ドル建定期預金のキャンペーン広告を見て、その金利の高さに魅力を感じているが、これまで外貨建金融商品を利用した経験がなく、留意点や課税関係について知りたいと思っている。

そこで、Ａさんは、ファイナンシャル・プランナーのＭさんに相談することにした。

＜Ｘ銀行の米ドル建定期預金に関する資料＞

・預入金額：10,000米ドル

・預入期間：6カ月

・利率（年率）：2.0％（満期時一括支払）

・為替予約なし

※上記以外の条件は考慮せず、各問に従うこと。

《問４》 Ｍさんは、《設例》の米ドル建定期預金について説明した。ＭさんのＡさんに対する説明として、次のうち最も適切なものはどれか。

1）「米ドル建定期預金の満期時の為替レートが、預入時の為替レートに比べて円安・米ドル高となった場合、円換算の運用利回りは向上します」
2）「Ｘ銀行に預け入れた米ドル建定期預金は、元本1,000万円までとその利息については預金保険制度の対象となります」
3）「外貨預金の利息は、申告分離課税の対象となります」

《問5》 Aさんが、《設例》 および下記の<資料>の条件で、10,000米ドルを預け入れ、満期時に円貨で受け取った場合における元利金の合計額として、次のうち最も適切なものはどれか。なお、計算にあたっては税金等を考慮せず、預入期間6カ月は0.5年として計算すること。

<資料>適用為替レート（円／米ドル）

	TTS	TTM	TTB
預入時	128.00円	127.50円	127.00円
満期時	132.00円	131.50円	131.00円

1) 1,323,100円

2) 1,331,100円

3) 1,336,200円

《問6》 Mさんは、Aさんに対して、《設例》 の米ドル建定期預金に係る課税関係について説明した。Mさんが説明した以下の文章の空欄①～②に入る語句の組合せとして、次のうち最も適切なものはどれか。

> 「外貨預金による運用では、外国為替相場の変動により、為替差損益が生じることがあります。為替差益は（ ① ）として、所得税および復興特別所得税と住民税の課税対象となります。なお、為替差損による損失の金額は、外貨預金の利子に係る利子所得の金額と損益通算することが（ ② ）」

1) ① 雑所得　　　② できません

2) ① 一時所得　　② できます

3) ① 雑所得　　　② できます

【第3問】 次の設例に基づいて、下記の各問（《問7》～《問9》）に答えなさい。

《設 例》

　　会社員のＡさんは、妻Ｂさんおよび長男Ｃさんとの３人家族である。Ａさんは、2024年中にＡさん自身の入院・手術・通院に係る医療費を支払ったため、医療費控除の適用を受けたいと思っている。

＜Ａさんとその家族に関する資料＞

Ａさん（49歳）：会社員

妻Ｂさん（48歳）：2024年中に、パートタイマーとして給与収入70万円を得ている。

長男Ｃさん（16歳）：高校生。2024年中の収入はない。

＜Ａさんの2024年分の収入等に関する資料＞

(1)　給与収入の金額：700万円

(2)　不動産所得の金額：20万円

(3)　上場株式の譲渡損失の金額（証券会社を通じて譲渡したもの）：30万円

※妻Ｂさんおよび長男Ｃさんは、Ａさんと同居し、生計を一にしている。

※Ａさんとその家族は、いずれも障害者および特別障害者には該当しない。

※Ａさんとその家族の年齢は、いずれも2024年12月31日現在のものである。

※上記以外の条件は考慮せず、各問に従うこと。

《**問7**》　Aさんの2024年分の所得税における総所得金額は、次のうちどれか。

＜資料＞給与所得控除額

給与収入金額			給与所得控除額
万円超		万円以下	
	～	180	収入金額×40％－10万円（55万円に満たない 　　　　　　　　　　　　　　　場合は、55万円）
180	～	360	収入金額×30％＋8万円
360	～	660	収入金額×20％＋44万円
660	～	850	収入金額×10％＋110万円
850	～		195万円

1）505万円

2）520万円

3）540万円

《問8》　Aさんの2024年分の所得税における所得控除に関する以下の文章の空欄①〜③に入る数値の組合せとして、次のうち最も適切なものはどれか。

> ⅰ）「妻Bさんの合計所得金額は（　①　）万円以下となりますので、Aさんは配偶者控除の適用を受けることができます。Aさんが適用を受けることができる配偶者控除の額は、（　②　）万円です」
>
> ⅱ）「Aさんが適用を受けることができる扶養控除の額は、（　③　）万円です」

1）　① 38　　　② 48　　　③ 38
2）　① 38　　　② 38　　　③ 48
3）　① 48　　　② 38　　　③ 38

《問9》　Aさんの2024年分の所得税における医療費控除および確定申告に関する次の記述のうち、最も適切なものはどれか。

1）「医療費控除額は、Aさんが2024年中に支払った医療費の総額から15万円を差し引いて算出します」

2）「年末調整では医療費控除の適用を受けることができません。Aさんが医療費控除の適用を受けるためには、確定申告をする必要があります」

3）「Aさんは、確定申告をすることにより、上場株式の譲渡損失の金額を不動産所得の金額と損益通算することができます」

【第4問】 次の設例に基づいて、下記の各問（《問10》～《問12》）に答えなさい。

《設　例》

　Aさん（53歳）は、15年前に父親の相続により取得した自宅（建物およびその敷地である甲土地）に居住している。Aさんは、自宅の設備が古くなってきたことや老後の生活のことも考え、自宅を売却することや、マンションを建築することによる有効活用を検討している。

＜甲土地の概要＞

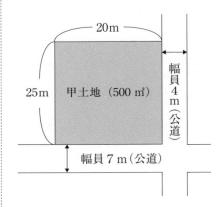

用途地域：近隣商業地域
指定建蔽率：80％
指定容積率：300％
前面道路幅員による容積率の制限：
前面道路幅員 × $\dfrac{6}{10}$
防火規制：準防火地域

・甲土地は、建蔽率の緩和について特定行政庁が指定する角地である。
・指定建蔽率および指定容積率とは、それぞれ都市計画において定められた数値である。
・特定行政庁が都道府県都市計画審議会の議を経て指定する区域ではない。
※上記以外の条件は考慮せず、各問に従うこと。

《問10》　甲土地に賃貸マンション（耐火建築物）を建築する場合の①建蔽率の上限となる建築面積と②容積率の上限となる延べ面積の組合せとして、次のうち最も適切なものはどれか。

1 ）　① 400㎡　　② 960㎡

2 ）　① 500㎡　　② 960㎡

3 ）　① 500㎡　　② 1,500㎡

《問11》　自宅（建物およびその敷地である甲土地）の譲渡に関する以下の文章の空欄①〜③に入る語句の組合せとして、次のうち最も適切なものはどれか。

「Aさんが駅前のマンションに転居し、その後、居住していない現在の自宅を譲渡した場合に、Aさんが『居住用財産を譲渡した場合の3,000万円の特別控除の特例』の適用を受けるためには、Aさんが居住しなくなった日から（ ① ）を経過する日の属する年の12月31日までに現在の自宅を譲渡すること等の要件を満たす必要があります。本特例の適用を受けるにあたっては（ ② ）。また、『居住用財産を譲渡した場合の長期譲渡所得の課税の特例』（軽減税率の特例）の適用を受ける場合、現在の自宅の譲渡に係る課税長期譲渡所得金額のうち、（ ③ ）以下の部分については、所得税および復興特別所得税10.21%、住民税4％の税率で課税されます」

1 ）　① 3年　　　② 所有期間の要件はありません　　　　　　　③ 6,000万円

2 ）　① 3年　　　② 譲渡の年の1月1日現在で所有期間が　　　③ 1億円
　　　　　　　　　　 10年を超えることが要件です

3 ）　① 5年　　　② 所有期間の要件はありません　　　　　　　③ 1億円

《**問12**》 自己建設方式による甲土地の有効活用に関する次の記述のうち、最も適切なものはどれか。

1)「自己建設方式は、Aさんがマンション等の建築資金の調達や建築工事の発注、建物の管理・運営を自ら行う方式です。Aさん自らが貸主となって所有するマンションの賃貸を行うためには、あらかじめ宅地建物取引業の免許を取得する必要があります」

2)「Aさんが甲土地に賃貸マンションを建築した場合、相続税の課税価格の計算上、甲土地は貸宅地として評価されます」

3)「Aさんが甲土地に賃貸マンションを建築した場合、甲土地に係る固定資産税の課税標準を、住宅1戸につき200㎡までの部分（小規模住宅用地）について課税標準となるべき価格の6分の1の額とする特例の適用を受けることができます」

【第５問】 次の設例に基づいて、下記の各問（《問13》～《問15》）に答えなさい。

《設　例》

　Ａさん（79歳）は、妻Ｂさん（73歳）との２人暮らしである。Ａさん夫妻には、子がいない。Ａさんは、妻Ｂさんに全財産を相続させたいと考えており、遺言の準備を検討している。

＜Ａさんの親族関係図＞

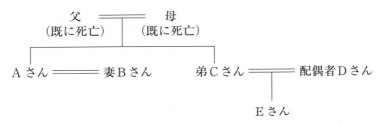

＜Ａさんの主な所有財産（相続税評価額）＞
１）現預金：１億円
２）上場株式：5,000万円
３）自宅敷地（300㎡）：6,000万円（注）
　　自宅建物：1,000万円
（注）「小規模宅地等についての相続税の課税価格の計算の特例」適用前の金額
※上記以外の条件は考慮せず、各問に従うこと。

《問13》　遺言に関する次の記述のうち、最も不適切なものはどれか。

１）「自筆証書遺言は、遺言者が、その遺言の全文、日付および氏名を自書し、これに押印して作成するものです。自筆証書に添付する財産目録は、パソコン等で作成することも認められています」
２）「公正証書遺言は、証人２人以上の立会いのもと、遺言者が遺言の趣旨を公証人に口授し、公証人がこれを筆記して作成するものです」
３）「遺言により、Ａさんの全財産を妻Ｂさんに相続させた場合、弟Ｃさんが遺留分侵害額請求権を行使する可能性があります」

《**問14**》 現時点（2024年9月11日）において、Aさんの相続が開始した場合に関する以下の文章の空欄①～③に入る語句または数値の組合せとして、次のうち最も適切なものはどれか。

> ⅰ）「Aさんの相続における相続税額の計算上、遺産に係る基礎控除額は、（ ① ）万円となります」
>
> ⅱ）「妻Bさんが自宅の敷地と建物を相続し、『小規模宅地等についての相続税の課税価格の計算の特例』の適用を受けた場合、自宅の敷地（相続税評価額6,000万円）について、相続税の課税価格に算入すべき価額は（ ② ）万円となります」
>
> ⅲ）「『配偶者に対する相続税額の軽減』の適用を受けた場合、妻Bさんが相続により取得した財産の金額が、配偶者の法定相続分相当額と（ ③ ）とのいずれか多い金額までであれば、納付すべき相続税額は算出されません」

1）① 3,600　② 1,000　③ 1億2,000万円

2）① 4,200　② 1,200　③ 1億6,000万円

3）① 4,200　② 4,000　③ 1億8,000万円

《**問15**》　仮に、Aさんの相続が現時点（2024年9月11日）で開始し、Aさんの相続に係る課税遺産総額（課税価格の合計額－遺産に係る基礎控除額）が1億4,000万円であった場合の相続税の総額は、次のうちどれか。

＜資料＞相続税の速算表（一部抜粋）

法定相続分に応ずる取得金額			税率	控除額
万円超		万円以下		
		1,000	10%	－
1,000	～	3,000	15%	50万円
3,000	～	5,000	20%	200万円
5,000	～	10,000	30%	700万円
10,000	～	20,000	40%	1,700万円

1）2,800万円

2）3,000万円

3）3,900万円

問題編

2024年度　CBT方式
ファイナンシャル・プランニング技能検定

３級実技試験《金財》
（保険顧客資産相談業務）

試験時間：60分

《 第 1 回 》

【第１問】 次の設例に基づいて、下記の各問《問１》～《問３》に答えなさい。

《設　例》

　会社員のＡさん（35歳）は、妻Ｂさん（32歳）および長男Ｃさん（０歳）との３人暮らしである。

　Ａさんは、今年４月に長男Ｃさんが誕生したことを機に、生命保険の見直しを考えている。Ａさんは、その前提として、自分が死亡した場合の公的年金制度からの遺族給付の支給について理解しておきたいと思っている。

　そこで、Ａさんは、懇意にしているファイナンシャル・プランナーのＭさんに相談することにした。

＜Ａさんの家族構成＞

・Ａさん：1988年８月16日生まれ

　会社員（厚生年金保険・全国健康保険協会管掌健康保険に加入）

・妻Ｂさん：1991年６月14日生まれ

　国民年金に第３号被保険者として加入している。

・長男Ｃさん：2024年４月20日生まれ

＜公的年金加入歴（2024年４月分まで）＞

	20歳　　　　　　　　22歳　　　　　　　　　　　　　　　　35歳
Ａさん	国民年金 保険料納付済期間 （32月）　｜　厚生年金保険 （157月）

	20歳　　　　　　　　22歳　　　　　　Ａさんと結婚　32歳
妻Ｂさん	国民年金 保険料納付済期間 （34月）　｜　厚生年金保険 （96月）　｜　国民年金 （25月）

※妻Ｂさんおよび長男Ｃさんは、現在および将来においても、Ａさんと同居し、Ａさんと生計維持関係にあるものとする。

※家族全員、現在および将来においても、公的年金制度における障害等級に該当する障害の状態にないものとする。

※上記以外の条件は考慮せず、各問に従うこと。

《問１》 現時点（2024年８月22日）においてＡさんが死亡した場合、妻Ｂさんに支給される遺族基礎年金の年金額（2024年度価額）は、次のうちどれか。

1）816,000円
2）816,000円＋234,800円＝1,050,800円
3）816,000円＋234,800円＋78,300円＝1,129,100円

《問２》 Ｍさんは、現時点（2024年８月22日）においてＡさんが死亡した場合に妻Ｂさんに支給される遺族厚生年金の金額等について説明した。Ｍさんが、Ａさんに対して説明した以下の文章の空欄①～③に入る語句の組合せとして、次のうち最も適切なものはどれか。

「現時点においてＡさんが死亡した場合、妻Ｂさんに対して遺族厚生年金と遺族基礎年金が支給されます。
遺族厚生年金の額は、原則として、Ａさんの厚生年金保険の被保険者記録を基礎として計算した老齢厚生年金の報酬比例部分の額の（ ① ）に相当する額になります。ただし、その計算の基礎となる被保険者期間の月数が（ ② ）に満たないときは、（ ② ）とみなして年金額が計算されます。
また、長男Ｃさんの18歳到達年度の末日が終了すると、妻Ｂさんの有する遺族基礎年金の受給権は消滅します。その後、妻Ｂさんが（ ③ ）に達するまでの間、妻Ｂさんに支給される遺族厚生年金には、中高齢寡婦加算が加算されます」

1）① ３分の２　　　② 480月　　　③ 60歳
2）① ４分の３　　　② 480月　　　③ 60歳
3）① ４分の３　　　② 300月　　　③ 65歳

《**問3**》 Mさんは、Aさんに対して、現時点（2024年8月22日）においてAさんが死亡した場合の妻Bさんに係る遺族給付の各種取扱い等について説明した。MさんのAさんに対する説明として、次のうち最も適切なものはどれか。

1）「遺族基礎年金および遺族厚生年金は、原則として、偶数月に2カ月分が支給されます」
2）「遺族基礎年金および遺族厚生年金は、雑所得として総合課税の対象となります」
3）「妻Bさんが65歳に達した場合でも、引き続き遺族厚生年金が支給されるため、妻Bさんの厚生年金保険の被保険者期間に応じた老齢厚生年金が支給されることはありません」

【第２問】 次の設例に基づいて、下記の各問 (《問４》～《問６》) に答えなさい。

《設　例》

会社員のＡさん (52歳・全国健康保険協会管掌健康保険の被保険者) は、妻Ｂさん (50歳) との２人暮らしである。先日、Ａさんは、Ｙ生命保険の営業担当者から、がん保険の見直しの提案を受けた。Ａさんは、30代の頃からＸ生命保険のがん保険に加入しており、保障内容がより充実しているものであれば、見直してもよいと考えている。

そこで、Ａさんは、ファイナンシャル・プランナーのＭさんに相談することにした。

＜Ａさんが提案を受けたＹ生命保険のがん保険に関する資料＞

保険の種類：５年ごと配当付終身がん保険 (終身払込)

月払保険料：6,800円

契約者 (＝保険料負担者)・被保険者・受取人：Ａさん

主契約および特約の内容	保障金額	保険期間
がん診断給付金 (注１)	一時金100万円	終身
がん治療保障特約 (注２)	月額10万円	終身
抗がん剤治療特約 (注３)	月額10万円	10年
がん先進医療特約	先進医療の技術料と同額	10年

(注１) 生まれて初めて所定のがん (悪性新生物) と診断された場合や、前回当該給付金の支払事由に該当した日から１年経過後に、新たに所定のがん (悪性新生物) と診断された場合に一時金が支払われる。

(注２) がん (悪性新生物) の治療を目的とする入院、所定の手術または放射線治療をした月ごとに支払われる。

(注３) がん (悪性新生物) の治療を目的とする所定の抗がん剤治療をした月ごとに支払われる。

＜Ａさんが現在加入しているＹ生命保険のがん保険に関する資料＞

保険の種類：無配当終身がん保険 (終身払込)

契約年月日：2007年10月１日

月払保険料：4,200円

契約者 (＝保険料負担者)・被保険者・受取人：Ａさん

給付金の内容	保障金額	保険期間
がん診断給付金（注4）	一時金100万円	終身
がん入院給付金	日額10,000円	終身
がん手術給付金	一時金10万円または20万円	終身
がん通院給付金	日額10,000円	終身

（注4）生まれて初めて所定のがん（悪性新生物）と診断された場合に一時金が支払われる。

※上記以外の条件は考慮せず、各問に従うこと。

《**問4**》 はじめに、Mさんは、がんの保障の見直しについて説明した。MさんのAさんに対する説明として、次のうち最も不適切なものはどれか。

1）「がんは、再発のリスクがあり、治療期間が長期にわたるケースもあります。そのため、がんの保障を準備する際には、再発時の保障の有無やその内容を確認する必要があります」

2）「AさんがX生命保険のがん保険に加入した当時と比べて、がんによる入院日数は短期化し、通院により治療が行われる場合も多くなっています。入院日数の長短にかかわらず一定額を受け取ることができる保障を準備することは検討に値します」

3）「提案を受けたがん保険の保険料払込期間を終身払込から有期払込に変更することで、毎月の保険料負担は減少し、保険料の払込総額も少なくなります」

《問5》 次に、Mさんは、Aさんが提案を受けたがん保険の保障内容等について説明した。MさんのAさんに対する説明として、次のうち最も適切なものはどれか。

1）「Aさんが生まれて初めて所定のがん（悪性新生物）に罹患した場合、がん診断給付金100万円を受け取ることができます。ただし、通常、がんの保障については契約日から3カ月間の免責期間があります」
2）「Aさんががん診断給付金を受け取った場合、当該給付金は雑所得として扱われます」
3）「先進医療の治療を受けた場合、診察料、投薬料および技術料は全額自己負担になります。重粒子線治療や陽子線治療など、技術料が高額となるケースもありますので、がん先進医療特約の付加をお勧めします」

《問6》 最後に、Mさんは、全国健康保険協会管掌健康保険の高額療養費制度について説明した。Mさんが、Aさんに対して説明した以下の文章の空欄①～③に入る語句または数値の組合せとして、次のうち最も適切なものはどれか。

> 「Aさんに係る医療費の一部負担金の割合は、原則として（ ① ）割となりますが、（ ② ）内に、医療機関等に支払った医療費の一部負担金等の合計が自己負担限度額を超えた場合、所定の手続により、自己負担限度額を超えた額が高額療養費として支給されます。この一部負担金等の合計には、差額ベッド代、入院時の食事代、先進医療に係る費用等は含まれず、70歳未満の者の場合、原則として、医療機関ごとに、入院・外来、医科・歯科別に一部負担金等が（ ③ ）円以上のものが計算対象となります」

1）① 1　　② 同一月　　③ 12,000
2）① 3　　② 同一月　　③ 21,000
3）① 3　　② 同一年　　③ 12,000

【第3問】 次の設例に基づいて、下記の各問（《問7》～《問9》）に答えなさい。

《設　例》

　　Aさん（50歳）は、X株式会社（以下、「X社」という）の創業社長である。Aさんは、先日、生命保険会社の営業担当者から、自身の退職金準備を目的とした下記の＜資料＞の生命保険の提案を受けた。

　　そこで、Aさんは、ファイナンシャル・プランナーのMさんに相談することにした。

＜資料＞Aさんが提案を受けた生命保険の内容

保険の種類：無配当低解約返戻金型終身保険（特約付加なし）
契約者（＝保険料負担者）：X社
被保険者：Aさん
死亡保険金受取人：X社
死亡保険金額：6,000万円
保険料払込期間・低解約返戻金期間：65歳満了
年払保険料：300万円
65歳までの払込保険料累計額（①）：4,500万円
65歳時の解約返戻金額（②）：4,100万円（低解約返戻金期間満了直後）
受取率（②÷①）：91.1％（小数点第2位以下切捨て）
※解約返戻金額の80％の範囲内で、契約者貸付制度を利用することができる。

※上記以外の条件は考慮せず、各問に従うこと。

《問7》　仮に、将来X社がAさんに役員退職金6,000万円を支給した場合、Aさんが受け取る役員退職金に係る退職所得の金額として、次のうち最も適切なものはどれか。なお、Aさんの役員在任期間（勤続年数）を40年とし、これ以外に退職手当等の収入はなく、障害者になったことが退職の直接の原因ではないものとする。

1）1,900万円

2）2,200万円

3）2,800万円

《問8》 Mさんは、《設例》の終身保険について説明した。MさんのAさんに対する説明として、次のうち最も不適切なものはどれか。

1)「当該終身保険は、保険料払込期間における解約返戻金額を抑えることで、低解約返戻金型ではない終身保険と比較して保険料が割安となっています」

2)「Aさんの勇退時に、役員退職金の一部として当該終身保険の契約者をAさん、死亡保険金受取人をAさんの相続人に名義を変更し、当該終身保険をAさんの個人の保険として継続することが可能です」

3)「X社が契約者貸付制度を利用し、契約者貸付金を受け取った場合、当該終身保険契約は継続しているため、定期保険料として経理処理します」

《問9》 《設例》の終身保険の第1回保険料払込時の経理処理（仕訳）として、次のうち最も適切なものはどれか。

1)

借方	貸方
定期保険料　150万円 前払保険料　150万円	現金・預金　300万円

2)

借方	貸方
定期保険料　300万円	現金・預金　300万円

3)

借方	貸方
保険料積立金　300万円	現金・預金　300万円

【第４問】 次の設例に基づいて、下記の各問（《問10》～《問12》）に答えなさい。

《設　例》

　　会社員のＡさんは、妻Ｂさん、長女Ｃさんおよび母Ｄさんとの４人家族である。また、Ａさんは、2024年中に一時払変額個人年金保険（10年確定年金）の解約返戻金650万円を受け取っている。

＜Ａさんとその家族に関する資料＞

　Ａさん（50歳）：会社員

　妻Ｂさん（50歳）：専業主婦。2024年中の収入はない。

　長女Ｃさん（20歳）：大学生。2024年中の収入はアルバイトとして65万円を
　　　　　　　　　　　得ている。長女Ｃさんが負担すべき国民年金の保険料
　　　　　　　　　　　はＡさんが支払っている。

　母Ｄさん（79歳）：2024年中に老齢基礎年金50万円および遺族厚生年金40万
　　　　　　　　　　円を受け取っている。

＜Ａさんの2024年分の収入等に関する資料＞

(1)　給与収入の金額：750万円

(2)　一時払変額個人年金保険（10年確定年金）の解約返戻金

　　契約年月：2016年９月

　　契約者（＝保険料負担者）・被保険者：Ａさん

　　死亡保険金受取人：妻Ｂさん

　　解約返戻金額：650万円

　　正味払込保険料：600万円

※妻Ｂさん、長女Ｃさんおよび母Ｄさんは、Ａさんと同居し、生計を一にしている。
※Ａさんとその家族は、いずれも障害者および特別障害者には該当しない。
※Ａさんとその家族の年齢は、いずれも2024年12月31日現在のものである。
※上記以外の条件は考慮せず、各問に従うこと。

《**問10**》　Ａさんの2024年分の所得税における所得控除に関する以下の文章の空欄①〜③に入る数値の組合せとして、次のうち最も適切なものはどれか。

> ⅰ）「Ａさんが適用を受けることができる配偶者控除の額は、（　①　）万円です」
> ⅱ）「長女Ｃさんは特定扶養親族に該当するため、Ａさんが適用を受けることができる長女Ｃさんに係る扶養控除の額は、（　②　）万円です」
> ⅲ）「母Ｄさんは老人扶養親族の同居老親等に該当するため、Ａさんが適用を受けることができる母Ｄさんに係る扶養控除の額は、（　③　）万円です」

1）　① 26　　　② 63　　　③ 48
2）　① 38　　　② 63　　　③ 58
3）　① 38　　　② 58　　　③ 48

《**問11**》　Ａさんの2024年分の所得税の課税に関する次の記述のうち、最も適切なものはどれか。

1）「Ａさんが受け取った一時払変額個人年金保険の解約返戻金は、雑所得の対象となります」
2）「2024年中に解約した一時払変額個人年金保険の保険差益が20万円を超えるため、Ａさんは所得税の確定申告をしなければなりません」
3）「Ａさんが支払っている長女Ｃさんの国民年金の保険料は、その全額が社会保険料控除の対象となります」

《**問12**》 Aさんの2024年分の所得税における総所得金額は、次のうちどれか。

<資料>給与所得控除額

給与収入金額		給与所得控除額
万円超	万円以下	
	～ 180	収入金額×40％－10万円（55万円に満たない場合は、55万円）
180	～ 360	収入金額×30％＋8万円
360	～ 660	収入金額×20％＋44万円
660	～ 850	収入金額×10％＋110万円
850	～	195万円

1）565万円

2）590万円

3）615万円

【第5問】 次の設例に基づいて、下記の各問（《問13》～《問15》）に答えなさい。

《設　例》

　非上場企業であるX株式会社（以下、「X社」という）の社長であったAさんは、2024年12月5日に病気により79歳で死亡した。Aさんは、生前に自筆証書遺言を作成し、自宅に保管していた（自筆証書遺言書保管制度は利用していない）。

　X社は、死亡退職金4,000万円を妻Bさんに支給した。後任の社長には、長女Cさんの夫でX社の専務取締役であるDさんが就任した。Aさんは、2010年10月に孫Eさんを普通養子としている。

　Aさんの親族関係図等は、以下のとおりである。

＜Aさんの親族関係図＞

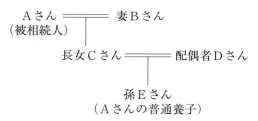

＜Aさんの主な相続財産（相続税評価額）＞

　現預金：8,000万円

　自宅（敷地400㎡）：1,700万円（「小規模宅地等についての相続税の課税価
　　　　　　　　　　　　　　　　格の計算の特例」適用後の相続税評価額）

　自宅（建物）：2,000万円

　X社株式：1億2,000万円

　死亡退職金：4,000万円

※上記以外の条件は考慮せず、各問に従うこと。

《問13》　Aさんの相続に関する次の記述のうち、最も適切なものはどれか。

1）「Aさんが2024年分の所得税について確定申告書を提出しなければならない者に該当する場合、相続人は、原則として、相続の開始があったことを知った日の翌日から3カ月以内に準確定申告書を提出しなければなりません」

2）「Aさんの自宅から自筆証書遺言を発見した相続人は、その遺言書を家庭裁判所に提出し、その検認を請求する必要はありません」

3）「相続税の申告書は、原則として、相続の開始があったことを知った日の翌日から10カ月以内に、被相続人であるAさんの死亡時の住所地を所轄する税務署長に提出しなければなりません」

《問14》　Aさんの相続に関する以下の文章の空欄①～③に入る数値の組合せとして、次のうち最も適切なものはどれか。

> ⅰ）「Aさんの相続における遺産に係る基礎控除額は、（　①　）万円です」
> ⅱ）「妻Bさんが受け取った死亡退職金4,000万円のうち、相続税の課税価格に算入される金額は、（　②　）万円です」
> ⅲ）「妻Bさんが自宅の敷地を相続により取得し、特定居住用宅地等として『小規模宅地等についての相続税の課税価格の計算の特例』の適用を受けた場合、その敷地は330㎡までの部分について（　③　）％の減額が受けられます」

1）① 4,800　　② 4,000　　③ 60
2）① 4,200　　② 4,000　　③ 70
3）① 4,800　　② 2,500　　③ 80

《問15》　Aさんの相続に係る課税遺産総額（課税価格の合計額－遺産に係る基礎控除額）が2億2,000万円であった場合の相続税の総額は、次のうちどれか。

＜資料＞相続税の速算表（一部抜粋）

法定相続分に応ずる取得金額			税率	控除額
万円超		万円以下		
		1,000	10%	－
1,000	～	3,000	15%	50万円
3,000	～	5,000	20%	200万円
5,000	～	10,000	30%	700万円
10,000	～	20,000	40%	1,700万円
20,000	～	30,000	45%	2,700万円

1）4,600万円

2）5,400万円

3）7,200万円

問題編

2024年度　CBT方式
ファイナンシャル・プランニング技能検定

３級実技試験《金財》
（保険顧客資産相談業務）

試験時間：60分

《 第 2 回 》

【第１問】 次の設例に基づいて、下記の各問（《問１》～《問３》）に答えなさい。

《設　例》

　会社員のＡさん（58歳）は、妻Ｂさん（57歳）および長女Ｃさん（19歳）との３人暮らしである。Ａさんは、大学卒業後、Ｘ株式会社（以下、「Ｘ社」という）に入社し、現在に至るまで同社に勤務している。Ｘ社では、65歳定年制を導入しており、Ａさんは、65歳までＸ社で働く予定である。

　Ａさんは、今後の資金計画を検討するにあたり、公的年金制度から支給される老齢給付について知りたいと思っている。また、今年20歳になる大学生の長女Ｃさんの国民年金の保険料の納付について、学生納付特例制度の利用を検討している。そこで、Ａさんは、ファイナンシャル・プランナーのＭさんに相談することにした。

＜Ａさんとその家族に関する資料＞

(1)　Ａさん（1965年10月20日生まれ・会社員）

　・公的年金加入歴：下図のとおり（65歳までの見込みを含む）

　　　20歳から大学生であった期間（30月）は国民年金に任意加入していない。

　・全国健康保険協会管掌健康保険、雇用保険に加入中

20歳　　　　　　　22歳　　　　　　　　　　　　　　　　　　　　　　65歳		
国民年金 未加入済期間 （30月）	厚生年金保険	
	180月	330月

　　　　　　　　　　$\left(\begin{array}{c}\text{2003年3月以前の}\\\text{平均標準報酬月額25万円}\end{array}\right)$　$\left(\begin{array}{c}\text{2003年4月以後の}\\\text{平均標準報酬額40万円}\end{array}\right)$

(2)　妻Ｂさん（1967年３月10日生まれ・専業主婦）

　・公的年金加入歴：18歳からＡさんと結婚するまでの14年間（168月）は、厚生年金保険に加入。結婚後は、国民年金に第３号被保険者として加入している。

　・全国健康保険協会管掌健康保険の被扶養者である。

(3)　長女Ｃさん（2004年６月19日生まれ・大学生）

　・全国健康保険協会管掌健康保険の被扶養者である。

※妻Ｂさんおよび長女Ｃさんは、現在および将来においても、Ａさんと同居し、Ａさんと生計維持関係にあるものとする。

※家族全員、現在および将来においても、公的年金制度における障害等級に該当する障害の状態にないものとする。
※上記以外の条件は考慮せず、各問に従うこと。

《問1》 はじめに、Mさんは、《設例》の＜Aさんとその家族に関する資料＞に基づき、Aさんが老齢基礎年金の受給を65歳から開始した場合の年金額（2024年度価額）を試算した。Mさんが試算した老齢基礎年金の年金額の計算式として、次のうち最も適切なものはどれか。

1）$816,000円 \times \dfrac{450 月}{480 月}$

2）$816,000円 \times \dfrac{480 月}{480 月}$

3）$816,000円 \times \dfrac{510 月}{480 月}$

《問2》 次に、Mさんは、Aさんおよび妻Bさんが受給することができる公的年金制度からの老齢給付について説明した。MさんのAさんに対する説明として、次のうち最も不適切なものはどれか。

1）「Aさんおよび妻Bさんには、特別支給の老齢厚生年金の支給はありません。原則として、65歳から老齢基礎年金および老齢厚生年金を受給することになります」
2）「Aさんが65歳から受給することができる老齢厚生年金の額には、配偶者の加給年金額が加算されます」
3）「妻Bさんが65歳から老齢基礎年金を受給する場合、老齢基礎年金の額に振替加算額が加算されます」

《**問3**》 最後に、Mさんは、国民年金の学生納付特例制度（以下、「本制度」という）について説明した。Mさんが、Aさんに対して説明した以下の文章の空欄①～③に入る語句または数値の組合せとして、次のうち最も適切なものはどれか。

「本制度は、国民年金の第1号被保険者で大学等の所定の学校に在籍する学生について、（ ① ）の前年所得が一定額以下の場合、所定の申請に基づき、国民年金保険料の納付を猶予する制度です。なお、本制度の適用を受けた期間は、老齢基礎年金の（ ② ）されます。本制度の適用を受けた期間の保険料は、（ ③ ）年以内であれば、追納することができます。ただし、本制度の承認を受けた期間の翌年度から起算して、3年度目以降に保険料を追納する場合には、承認を受けた当時の保険料額に経過期間に応じた加算額が上乗せされます」

1 ）① 世帯主　　　　② 受給資格期間に算入　　　③ 5

2 ）① 学生本人　　　② 受給資格期間に算入　　　③ 10

3 ）① 世帯主　　　　② 年金額に反映　　　　　　③ 10

【第2問】 次の設例に基づいて、下記の各問（《問4》～《問6》）に答えなさい。

《 設 例 》

　会社員のAさん（33歳・厚生年金保険の被保険者）は、昨年、妻Bさん（31歳・専業主婦）と結婚した。現時点でAさん夫妻に子はいない。Aさんは、妻Bさんとの結婚を機に、死亡保障や就業不能時の保障の必要性を感じていたところ、生命保険会社の営業担当者から下記の生命保険の提案を受けた。

　Aさんは、生命保険に加入するにあたり、その前提として、自分が死亡した場合や、障害状態となり働けなくなった場合に公的年金制度からどのような給付が受けられるのかについて理解を深めたいと思っている。

　そこで、Aさんは、ファイナンシャル・プランナーのMさんに相談することにした。

＜Aさんが提案を受けた生命保険に関する資料＞

保険の種類：5年ごと配当付特約組立型総合保険（注1）

月払保険料：9,000円

保険料払込期間（更新限度）：90歳満了

契約者（＝保険料負担者）・被保険者：Aさん

死亡保険金受取人：妻Bさん

指定代理請求人：妻Bさん

特約の内容	保障金額	保険期間
終身保険特約	200万円	終身
定期保険特約	500万円	10年
傷害特約	500万円	10年
就業不能サポート特約（注2）	月額20万円×所定の回数	10年
入院特約（180日型）（注3）	日額10,000円	10年
先進医療特約	先進医療の技術費用と同額	10年
指定代理請求特約	－	－
リビング・ニーズ特約	－	－

（注1）複数の特約を組み合わせて加入することができる保険

（注2）入院または在宅療養が30日間継続した場合に6カ月分の給付金が支払われ、その後6カ月ごとに所定の就業不能状態が継続した場合に最大2年間（24カ月間）の就業不能給付金が支払われる（死亡保険金の支払はない）。

（注3）病気やケガで1日以上の入院をした場合に入院給付金が支払われる（死亡保険金の支払はない）。

※上記以外の条件は考慮せず、各問に従うこと。

《問４》 はじめに、Ｍさんは、公的年金制度からの給付について説明した。ＭさんのＡさんに対する説明として、次のうち最も適切なものはどれか。

１）「Ａさんが現時点で死亡した場合、妻Ｂさんは、遺族基礎年金を受給することはできません」
２）「Ａさんが現時点で死亡した場合に妻Ｂさんに支給される遺族厚生年金は、その計算の基礎となる被保険者期間の月数が240月に満たない場合、240月とみなして年金額が計算されます」
３）「Ａさんが病気やケガ等で障害状態となり、その障害の程度が障害等級３級と認定された場合、Ａさんは障害基礎年金および障害厚生年金を受給することができます」

《問５》 次に、Ｍさんは、Ａさんが提案を受けた生命保険の保障内容等について説明した。ＭさんのＡさんに対する説明として、次のうち最も適切なものはどれか。

１）「先進医療特約では、契約を締結した時点において厚生労働大臣により定められている先進医療が給付の対象となります」
２）「Ａさんが提案を受けた生命保険には、リビング・ニーズ特約が付加されていますので、Ａさんが余命６カ月以内と判断された場合、生前給付金として最大で3,000万円を請求することができます」
３）「最近では、うつ病などの精神疾患による就業不能を保障の対象とする保険商品も販売されています。各生命保険会社が取り扱う就業不能保険の保障内容や支払基準をよく確認したうえで、加入の可否をご検討ください」

《**問6**》　最後に、Mさんは、Aさんが提案を受けた生命保険の課税関係について説明した。MさんのAさんに対する説明として、次のうち最も適切なものはどれか。

1）「支払保険料のうち、終身保険特約および定期保険特約に係る保険料は一般の生命保険料控除の対象となり、就業不能サポート特約、入院特約および先進医療特約に係る保険料は介護医療保険料控除の対象となります」
2）「Aさんが入院給付金を請求できない特別な事情がある場合、指定代理請求人である妻BさんがAさんに代わって請求することができます。妻Bさんが受け取る当該給付金は、一時所得として総合課税の対象となります」
3）「生命保険料控除は、生命保険に加入した年分については勤務先の年末調整で適用を受けることができませんので、適用を受けるためには、所得税の確定申告が必要となります」

【第3問】 次の設例に基づいて、下記の各問（《問7》〜《問9》）に答えなさい。

《設　例》

　Aさん（45歳）は、X株式会社（以下、「X社」という）の創業社長である。Aさんは、先日、生命保険会社の営業担当者から、下記の＜資料１＞および＜資料２＞の生命保険の提案を受けた。

　そこで、Aさんは、ファイナンシャル・プランナーのMさんに相談することにした。

＜資料１＞

保険の種類：無配当総合医療保険（無解約返戻金型）

契約者（＝保険料負担者）：X社

被保険者：Aさん

給付金受取人：X社

入院給付金（日額）：10,000円

保険期間・保険料払込期間：10年（自動更新タイプ）

年払保険料：10万円

※入院中に公的医療保険制度の手術料の算定対象となる所定の手術を受けた場合は入院日額の20倍、所定の外来手術を受けた場合は入院日額の５倍が手術給付金として支払われる。

※所定の放射線治療を受けた場合は、入院日額の10倍が放射線治療給付金として支払われる。

＜資料２＞

保険の種類：無配当定期保険（特約付加なし）

契約者（＝保険料負担者）：X社

被保険者：Aさん

死亡保険金受取人：X社

死亡保険金額：１億円

保険期間・保険料払込期間：70歳満了

年払保険料：100万円

最高解約返戻率：48％

※保険料の払込みを中止し、払済終身保険に変更することができる。

※所定の範囲内で、契約者貸付制度を利用することができる。

※上記以外の条件は考慮せず、各問に従うこと。

《問7》 仮に、将来X社がAさんに役員退職金4,000万円を支給した場合、Aさんが受け取る役員退職金に係る退職所得の金額として、次のうち最も適切なものはどれか。なお、Aさんの役員在任期間（勤続年数）を25年とし、これ以外に退職手当等の収入はなく、障害者になったことが退職の直接の原因ではないものとする。

1） 775万円
2） 1,425万円
3） 2,150万円

《問8》 Mさんは＜資料1＞の医療保険について説明した。MさんのAさんに対する説明として、次のうち最も適切なものはどれか。

1）「当該生命保険の支払保険料は、その全額を損金に算入します」
2）「Aさんが入院し、X社が受け取った入院給付金は非課税となります」
3）「Aさんが入院中に公的医療保険制度の手術料の算定対象となる所定の手術を受けた場合は30万円、所定の外来手術を受けた場合は7万5,000円が手術給付金として支払われます」

《問9》 Mさんは＜資料2＞の定期保険について説明した。MさんのAさんに対する説明として、次のうち最も適切なものはどれか。

1）「当該生命保険の単純返戻率（解約返戻金額÷払込保険料累計額）は、保険始期から上昇し、保険期間満了直前にピークを迎えます」
2）「当該生命保険の支払保険料は、その全額を損金の額に算入することができます」
3）「急な資金需要の発生により、X社が当該生命保険から契約者貸付制度を利用した場合、契約者貸付金の全額を費用に計上します」

【第4問】 次の設例に基づいて、下記の各問（《問10》～《問12》）に答えなさい。

《設 例》

　会社員のAさんは、妻Bさんおよび長男Cさんとの3人家族である。Aさんは、2024年中に一時払養老保険の満期保険金を受け取っている。

＜Aさんとその家族に関する資料＞

　Aさん（50歳）：会社員

　妻Bさん（47歳）：2024年中に、パートタイマーとして給与収入85万円を得ている。

　長男Cさん（19歳）：大学生。アルバイトとして給与収入50万円を得ている。

＜Aさんの2024年分の収入等に関する資料＞

(1)　給与収入の金額：800万円

(2)　一時払養老保険（10年満期）の満期保険金

　　契約年月：2014年6月

　　契約者（＝保険料負担者）・被保険者：Aさん

　　死亡保険金受取人：妻Bさん

　　満期保険金受取人：Aさん

　　満期保険金額：410万円

　　正味払込保険料：350万円

＜Aさんが2024年中に支払った生命保険の保険料に関する資料＞

(1)　終身保険（特約付加なし）

　　契約年月：2009年5月

　　契約者（＝保険料負担者）・被保険者：Aさん

　　年間正味払込保険料：18万円（全額が一般の生命保険料控除の対象）

(2)　終身介護保険（死亡保障なし）

　　契約年月：2023年7月

　　契約者（＝保険料負担者）・被保険者：Aさん

　　年間正味払込保険料：12万円（全額が介護医療保険料控除の対象）

※妻Bさんおよび長男Cさんは、Aさんと同居し、生計を一にしている。

※Aさんとその家族は、いずれも障害者および特別障害者には該当しない。

※Aさんとその家族の年齢は、いずれも2024年12月31日現在のものである。

※上記以外の条件は考慮せず、各問に従うこと。

《**問10**》　Aさんの2024年分の所得税における総所得金額は、次のうちどれか。

＜資料＞給与所得控除額

給与収入金額		給与所得控除額
万円超	万円以下	
～	180	収入金額×40％－10万円（55万円に満たない場合は、55万円）
180　～	360	収入金額×30％＋8万円
360　～	660	収入金額×20％＋44万円
660　～	850	収入金額×10％＋110万円
850		195万円

1）590万円

2）615万円

3）640万円

《**問11**》　Aさんの2024年分の所得税における所得控除に関する以下の文章の空欄①～③に入る数値の組合せとして、次のうち最も適切なものはどれか。

i ）「妻Bさんの合計所得金額は（　①　）万円以下であるため、Aさんは配偶者控除の適用を受けることができます。Aさんが適用を受けることができる配偶者控除の額は、（　②　）万円です」

ii）「Aさんが適用を受けることができる長男Cさんに係る扶養控除の額は、（　③　）万円です」

1）　① 48　　　② 26　　　③ 38

2）　① 103　　② 38　　　③ 58

3）　① 48　　　② 38　　　③ 63

《問12》　Aさんの2024年分の所得税における生命保険料控除の控除額は、次のうちどれか。

1）　4万円
2）　8万円
3）　9万円

【第5問】 次の設例に基づいて、下記の各問（《問13》〜《問15》）に答えなさい。

《設 例》

　Aさん（70歳）は、妻Bさん（70歳）との2人暮らしである。Aさん夫妻には、子がいない。Aさんは、妻Bさんに全財産を相続させたいと考えており、遺言書の準備を検討している。

＜Aさんの親族関係図＞

＜Aさんの主な所有財産（相続税評価額）＞

現預金：1億円

上場株式：3,000万円

自宅敷地（330㎡）：8,000万円（注）

自宅建物：1,000万円

賃貸アパート敷地（300㎡）：5,000万円（注）

賃貸アパート建物（6室）：3,000万円

（注）「小規模宅地等についての相続税の課税価格の計算の特例」適用前の金額

※上記以外の条件は考慮せず、各問に従うこと。

《問13》 遺言に関する次の記述のうち、最も不適切なものはどれか。

1）「遺言により、Aさんの全財産を妻Bさんに相続させた場合、Eさんが遺留分侵害額請求権を行使する可能性があります」

2）「Aさんは、自身が作成した自筆証書遺言を法務局（遺言書保管所）に預けることができます」

3）「Aさんが公正証書遺言を作成する場合、証人2人以上の立会いが必要となりますが、妻Bさんは証人になることはできません」

《**問14**》 仮に、Ａさんの相続が現時点（2024年5月28日）で開始し、Ａさんの相続に係る課税遺産総額（課税価格の合計額−遺産に係る基礎控除額）が2億円であった場合の相続税の総額は、次のうちどれか。

＜資料＞相続税の速算表（一部抜粋）

法定相続分に応ずる取得金額		税率	控除額
万円超	万円以下		
	1,000	10％	－
1,000 ～	3,000	15％	50万円
3,000 ～	5,000	20％	200万円
5,000 ～	10,000	30％	700万円
10,000 ～	20,000	40％	1,700万円
20,000 ～	30,000	45％	2,700万円

1) 4,600万円

2) 5,100万円

3) 6,300万円

《問15》 現時点（2024年5月28日）において、Aさんの相続が開始した場合に関する以下の文章の空欄①～③に入る語句または数値の組合せとして、次のうち最も適切なものはどれか。

> i）「妻Bさんが自宅の敷地を相続により取得し、当該敷地の全部について、『小規模宅地等についての相続税の課税価格の計算の特例』の適用を受けた場合、減額される金額は（ ① ）万円となります」
>
> ii）「『配偶者に対する相続税額の軽減』の適用を受けた場合、妻Bさんが相続により取得した財産の金額が、配偶者の法定相続分相当額と1億6,000万円とのいずれか（ ② ）金額までであれば、原則として、妻Bさんが納付すべき相続税額は算出されません」
>
> iii）「相続税の申告書は、原則として、相続の開始があったことを知った日の翌日から10カ月以内に、（ ③ ）を所轄する税務署長に提出しなければなりません」

1）① 3,500　　② 少ない　　③ Aさんの死亡時の住所地

2）① 5,600　　② 少ない　　③ 各相続人の住所地

3）① 6,400　　② 多い　　③ Aさんの死亡時の住所地

3級

みんなが
欲しかった！

FPの予想模試
解答解説編

'24-'25年版

TAC出版

TAC PUBLISHING Group

解答・解説編

学 科 試 験

苦手論点チェックシート　学科・第 1 回

※　間違えた問題に✓を記入しましょう。

問題	科目	論　　点	あなたの苦手※ 1回目	あなたの苦手※ 2回目
1	ラ イ フ	弁護士法		
2		基本手当		
3		後期高齢者医療制度		
4		老齢厚生年金		
5		遺族厚生年金		
6	リ ス ク	延長保険		
7		逓減定期保険		
8		契約転換制度		
9		車両保険		
10		損害保険の保険金と税金		
11	金 融	日銀短観		
12		投資信託の運用手法		
13		株式の売買		
14		ポートフォリオ		
15		外貨預金の為替レート		
16	タ ッ ク ス	所得税の分類		
17		所得税と税金		
18		損益通算		
19		小規模企業共済等掛金控除		
20		住宅借入金等特別控除		
21	不 動 産	不動産登記の効力		
22		事業用定期借地権		
23		手付金		
24		被相続人の居住用財産(空き家)を譲渡した場合の特例		
25		不動産の有効活用		
26	相 続	贈与の基本		
27		特別養子縁組		
28		自筆証書遺言		
29		債務控除		
30		配偶者に対する相続税額の軽減		

問題	科目	論　点	あなたの苦手※	
			1回目	2回目
31	ラ	6つの係数		
32	イ	公的介護保険		
33	フ	出産育児一時金		
34		老齢年金の繰上げ・繰下げ受給		
35		貸金業法		
36	リ	生命保険料の構成		
37	ス	契約者貸付制度		
38	ク	生命保険金と税金		
39		地震保険の保険金額		
40		企業活動に関する保険		
41	金	経済・景気に関する指標		
42		追加型株式投資信託		
43	融	債券の利回り計算		
44		ポートフォリオの期待収益率		
45		預金保険制度		
46	タ	建物の減価償却の方法		
47	ッ	所得税の分類		
48	ク	土地の概算取得費		
49	ス	青色申告者の純損失の繰越控除		
50		年末調整により受けられる所得控除		
51	不	相続税路線価		
52	動	不動産登記記録		
53	産	建物の高さ制限		
54		農地法		
55		軽減税率の特例		
56	相	贈与税の非課税財産		
57		贈与税の申告		
58		法定相続分		
59	続	遺留分		
60		相続税の基礎控除		

苦手論点チェックシート　学科・第**2**回

※　間違えた問題に✓を記入しましょう。

問題	科目	論　　　点	あなたの苦手※	
			1回目	2回目
1	ライフ	保険業法		
2		傷病手当金		
3		任意継続被保険者		
4		中高齢寡婦加算		
5		教育一般貸付		
6	リスク	生命保険料の構成		
7		定期保険特約付終身保険		
8		収入保障保険		
9		自賠責保険		
10		国内旅行傷害保険		
11	金融	公開市場操作		
12		株式投資信託の運用方法		
13		景気動向指数		
14		日経平均株価		
15		オプション取引		
16	タックス	所得税の非課税所得		
17		退職所得		
18		セルフメディケーション税制		
19		扶養控除		
20		配偶者控除		
21	不動産	不動産の売買契約の解除		
22		宅地建物取引業法		
23		道路に関する制限		
24		不動産取得税		
25		居住用財産を譲渡した場合の3,000万円の特例		
26	相続	贈与の基本		
27		遺留分		
28		配偶者に対する相続税額の軽減		
29		生命保険契約に関する権利の評価		
30		宅地の評価		

問題	科目	論　　点	あなたの苦手※	
			1回目	2回目
31	ライフ	6つの係数		
32		可処分所得の計算		
33		日本学生支援機構の奨学金		
34		付加年金		
35		フラット35		
36	リスク	生命保険契約者保護機構		
37		介護医療保険料控除		
38		生命保険金と税金		
39		損害保険の仕組み		
40		リビング・ニーズ特約		
41	金融	経済・景気の指標		
42		投資信託の運用手法		
43		債券価格の変動要因		
44		債券の信用格付		
45		外貨預金の為替レート		
46	タックス	所得税の分類		
47		所得税の分類		
48		扶養控除		
49		特定扶養親族		
50		青色申告の期限		
51	不動産	不動産の登記記録		
52		定期借家契約		
53		区分所有法		
54		NOI利回りの計算		
55		相続税の取得費加算の特例		
56	相続	贈与税の配偶者控除		
57		死因贈与		
58		直系尊属からの贈与の特例		
59		死亡保険金の非課税限度額		
60		相続税の2割加算		

苦手論点チェックシート　学科・第 **3** 回

※　間違えた問題に✓を記入しましょう。

問題	科目	論　　点	あなたの苦手※	
			1回目	2回目
1	ライフ	税理士法		
2		付加年金		
3		遺族基礎年金		
4		教育一般貸付		
5		住宅ローンの繰上げ返済		
6	リスク	こども保険		
7		定期保険特約付終身保険		
8		海外旅行傷害保険		
9		普通傷害保険		
10		先進医療特約		
11	金融	物価と金利		
12		インデックスファンド		
13		配当性向		
14		オプション取引		
15		新NISA		
16	タックス	減価償却資産		
17		社会保険料控除		
18		社会保険料控除		
19		所得税の配偶者控除		
20		住宅借入金等特別控除		
21	不動産	不動産の登記		
22		定期借家契約		
23		開発許可制度		
24		道路に関する制限		
25		被相続人の居住用財産(空き家)を譲渡した場合の特例		
26	相続	定期贈与		
27		直系尊属からの贈与の特例		
28		協議分割		
29		公正証書遺言		
30		小規模宅地等の相続税の課税価格の計算の特例		

問題	科目	論 点	あなたの苦手※	
			1回目	2回目
31	ラ イ フ	6つの係数		
32		国民年金の保険料の追納		
33		基本手当		
34		障害基礎年金		
35		住宅ローンの返済方法		
36	リ ス ク	生命保険料の構成		
37		変額個人年金保険		
38		個人年金保険		
39		自動車保険		
40		がん保険		
41	金 融	公開市場操作		
42		株式投資信託の運用手法		
43		債券の利回り計算		
44		株式の投資指標		
45		オプション取引		
46	タ ッ ク ス	退職所得		
47		損益通算		
48		確定拠出年金		
49		医療費控除		
50		所得税の基礎控除		
51	不 動 産	基準地標準価格		
52		媒介契約		
53		区分所有法		
54		長期譲渡所得		
55		特定の居住用財産の買換えの長期譲渡所得の特例		
56	相 続	相続時精算課税制度		
57		遺留分		
58		法定相続分		
59		相続税の申告		
60		相続税の2割加算		

学科試験

問1　解答 **×**

みんほし教科書　P5

　弁護士資格を有しないファイナンシャル・プランナーが、民法の条文を基に一般的な説明を行う行為は有償であっても弁護士法に抵触しません。なお、個別具体的な法律事務は弁護士法に抵触します。

問2　解答 **○**

みんほし教科書　P47

　雇用保険の基本手当を受給するためには、原則として、離職の日以前2年間に被保険者期間が通算して12カ月以上あることなどの要件を満たす必要があります。倒産、解雇および雇止めなど特定受給資格者または特定理由離職者は、離職の日以前1年間に被保険者期間が通算して6カ月以上あることが要件となります。

問3　解答 **○**

みんほし教科書　P40

　国民健康保険などの被保険者（一定の障害の状態にない）は、原則として、75歳の誕生日当日から後期高齢者医療制度の被保険者となります。

問4 解答 ○

みんほし教科書　P69

老齢厚生年金の受給権者本人の厚生年金被保険者期間が原則として**20年以上**ある者が、老齢厚生年金の受給権を取得した時点で、生計を維持されている65歳未満の配偶者または18歳到達年度の末日までの子がいる場合に加算される給付を加給年金といいます。

【生計維持、生計同一関係の認定基準】

① 同居（別居の場合は仕送りをしているなど健康保険の扶養親族である等）
② 加給年金額等対象者は、前年の収入が850万円未満

 問5 解答 ○

みんほし教科書　P76

遺族厚生年金を受給することができる遺族の範囲は、死亡した被保険者等によって生計を維持し、かつ、所定の要件を満たす**配偶者と子・父母・孫・祖父母**です。

 問6 解答 ✕

みんほし教科書　P123

延長保険とは、保険料の払込みを中止して、その時点での解約返戻金を基に元契約よりも短い（または同じ）保険期間の定期保険に変更する制度です（保険金額は同じ）。また、付加されていた特約は消滅します。なお、払済保険とは、保険料の払込みを中止して、その時点での解約返戻金相当額を基に保険期間を変えずに一時払いの同種の保険（または終身保険・養老保険）に変更する制度です。元の契約より保険金額が小さくなります。

問7 解答 ✕

みんほし教科書　P111

逓減定期保険は、保険期間の経過に伴い保険金額が所定の割合で次第に減少するものの、保険料は保険期間を通じて一定です。

問8 解答 ✕

みんほし教科書　P124

契約転換制度により、現在加入している生命保険契約を新たな契約に転換する場合、転換後契約の保険料は転換時の年齢等により算出されます。なお、転換時において告知（または診査）が必要です。

問9 解答 ✕

みんほし教科書　P144

自動車保険の車両保険では、一般に、台風や高潮による水没などで被る損害は補償の対象となります。なお、地震が原因となる津波による水没は車両保険の補償の対象外です。

問10 解答 ✕

みんほし教科書　P149

自宅が火災で焼失したことにより、建物の所有者が受け取る火災保険の保険金は非課税です。したがって、所得税も住民税もかかりません。

問11　解答 ✕

みんほし教科書　P158

　全国企業短期経済観測調査（日銀短観）とは、「企業が自社の業況や経済環境の現状・先行きについてどうみているか」について、全国の約1万社の企業を対象に日本銀行が四半期ごとに実施している調査（アンケート）です。企業間で取引されている財に関する価格物価の変動を測定した指標は、企業物価指数のことです。

・・

問12　解答 ○

みんほし教科書　P201

　投資信託のパッシブ運用は、日経平均株価や東証株価指数（TOPIX）などのベンチマークに連動した運用成果を目指す運用手法です。コストが相対的に低く、信託報酬が低水準に抑えられているという特徴があります。なお、ベンチマークを上回る運用成果を目指す手法のことをアクティブ運用といいます。

・・

問13　解答 ✕

みんほし教科書　P191

　上場株式の売買において、普通取引は約定日（売買成立）から起算して3営業日目に決済（受渡し）が行われます。

・・

問14 解答 ✕

　　ポートフォリオ効果は、組み入れている資産の価格変動パターンが似ているかどうかという「相関関係」が大きく作用し、これを数値で表したものが「相関係数」です。相関係数は−1から＋1までの範囲の数値で表され、−1に近いほどポートフォリオ効果は高くなり、−1で最大になります。なお、相関係数が＋1のときは全く同じ値動きをするため、ポートフォリオ効果はありません。

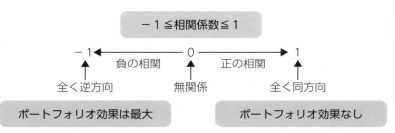

問15 解答 〇

　　為替予約を締結していない外貨定期預金は、預金時に満期時の為替レートが確定していません。したがって、満期時の為替レートによって利回りが変動します。

- **為替レートが預入時より円安になる**：満期時の円換算の利回りは高くなる。
- **為替レートが預入時より円高になる**：満期時の円換算の利回りは低くなる。

✕

所得税において、国債や地方債などの特定公社債の利子は、その支払を受ける際に税率15.315パーセント（他に地方税5パーセント）により所得税・復興特別所得税が源泉徴収されます。申告分離課税の対象となり確定申告が必要ですが、確定申告しないことも選択できます。

 ◯

心身に加えられた損害または突発的な事故により資産に加えられた損害に起因して受ける損害保険金、損害賠償金、見舞金等（所得補償保険金、生前給付金、手術給付金、入院給付金など）は非課税です。

 ◯

他の所得の金額と損益通算が可能な所得は、不動産所得・事業所得・山林所得・譲渡所得です。ただし、不動産所得において、土地を取得するために要した負債の利子は、損益通算の対象外となります。

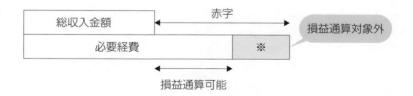

みんほし教科書　P264

問19　解答 ✕

　確定拠出年金（個人型）の掛金は、小規模企業共済等掛金控除の対象であり、本人の負担した掛金だけ控除できます。したがって、夫が妻の掛金を負担した場合、夫に係る所得税の小規模企業共済等掛金控除の対象とはなりません。

みんほし教科書　P275

問20　解答 ◯

　控除を受ける最初の年分は、必要事項を記載した確定申告書に、一定の書類を添付して、納税地（原則として住所地）の所轄税務署長に提出する必要があります。給与所得者は2年目以後の年分について、年末調整で本控除の適用を受けることができます。

みんほし教科書　P299

問21　解答 ◯

　不動産登記には公信力が認められていないため、真実の権利関係と登記の記載とが異なっているときは、仮にその記載を信用して取引を行っても法的に保護されません。したがって、登記簿の記載より真実の権利関係が優先されることになります。

問22　解答 ○

みんほし教科書　P311

　借地借家法において、事業用定期借地権の設定契約を締結する場合の契約方式は公正証書に限ります。

区分	普通借地権	定 期 借 地 権			建物譲渡特約付借地権
		一般定期借地権	事業用定期借地権		
			短期型（2項）	長期型（1項）	
建物利用目的	制限なし	制限なし	専ら事業の用に供する建物に限る（居住用建物は除く）		制限なし
存続期間	30年以上	50年以上	10年以上30年未満	30年以上50年未満	30年以上
借地権契約の更新	最初の更新：20年以上その後：10年以上	なし			
借地関係の終了	法定更新あり	期間満了	期間満了		建物所有権が地主に移転したとき
契約方式	制限なし	公正証書等の書面または電磁的記録	公正証書に限る		制限なし

 問23　解答 ○

みんほし教科書　P305

　売主が宅地建物取引業者である宅地建物の売買契約を締結するとき、買主が宅地建物取引業者でない場合の手付は、代金の額の2割を超えてはならないという手付の額の制限があります。

　「被相続人の居住用財産（空き家）に係る譲渡所得の特別控除の特例」の適用を受けた場合、譲渡所得の金額の計算上、最高3,000万円を控除することができます。

- **譲渡する際の要件**
  - ・譲渡価額が１億円以下
- **相続した家屋の要件**
  - ・相続開始の直前において被相続人が一人で居住していた
  - ・1981年５月31日以前に建築された区分所有建築物以外の建物
  - ・相続時から売却時まで、事業、貸付、居住の用に供されていない
  - ・相続により土地および家屋を取得
  - ・耐震リフォーム等により譲渡時において耐震基準に適合している家屋、または、相続人が家屋を取壊すこと　など

問25　解答 ◯

みんほし教科書　P346

　土地の有効活用において、土地所有者が入居予定の事業会社から建設資金を借り受けて事業会社の要望に沿った店舗等を建設し、その店舗等を事業会社に賃貸する手法を建設協力金方式といいます。

【Aさんの土地有効活用】

有効活用の手段	土地の所有名義 (有効活用後)	建物の所有名義	Aさんの建設資金負担要否
定期借地権方式	Aさん	借地人	不要
建設協力金方式	Aさん	Aさん	不要 (全部 or 一部)
等価交換方式	Aさん・デベロッパー	Aさん・デベロッパー	不要
事業受託方式	Aさん	Aさん	必要

問26　解答 ◯

みんほし教科書　P386

　書面によらない贈与契約の場合、履行していない部分の贈与は、各当事者が解除をすることができます。書面による贈与契約の場合は履行していない部分についても解除することができません。

問27 解答 ◯

特別養子縁組が成立した場合、実方の父母との法的な親子関係は終了し、養親との親族関係のみとなります。

【養子の種類】

	普通養子	特別養子
成立	養親と養子の契約による。15歳未満の場合は、実親が法定代理人となって契約する	裁判所が、審判・宣言する
養子	養親よりも年少者。年齢不問	申し立て時点で15歳未満
養親	成年であり、養子よりも年長者	養親は正式な夫婦であること
実親との関係	実親と養親の2組の親を持つ。実親との法律上の親子関係は残る	実親との法的な親子関係が終了。親子関係は養親のみ

 問28 解答 ◯

自筆証書遺言を作成した者は、自筆証書遺言書保管制度を利用して、法務大臣の指定する法務局（遺言書保管所）に遺言書の保管を申請できます。遺言書保管所に保管されている遺言書は、家庭裁判所の検認が不要となります。

問29 解答 ✕

みんほし教科書　P375

　葬儀の際に受け取った香典の返戻に要する費用は、相続税の課税価格の計算上、債務控除の対象外です。したがって、葬式費用として控除することはできません。

【相続税の債務控除】

葬式費用の対象（控除できる）	葬式費用の対象外（控除できない）
●葬式・葬送の費用（通夜・本葬費用）	●香典返戻費用
●未払いの医療費	●墓碑および墓地の買入費、墓地の借入料
●お布施・読経料・戒名料	
●火葬・埋葬・納骨費用	●法会に要する費用（初七日など）

問30 解答 ◯

みんほし教科書　なし

　「配偶者に対する相続税額の軽減」とは、実際に取得した正味の遺産額が、次の金額のどちらか多い金額までは配偶者には相続税はかからない制度のことです。適用して相続税がゼロになる場合でも、相続税の申告書は提出する必要があります。適用を受けることができる配偶者は、被相続人と法律上の婚姻の届出をした者に限られるため、内縁関係にある者は該当しません。

- 1億6千万円
- 配偶者の法定相続分相当額

問31 解答 **2**

みんほし教科書　P14

　一定期間、一定の利率で複利運用しながら、**毎年目標とする額を得るために必要な元金を求める場合**は、年金現価係数を乗じます。減債基金係数は、一定期間、一定の利率で複利運用しながら、目標とする額を得るために必要な毎年の積立額を求める場合に、資本回収係数は、一定期間、一定の利率で複利運用しながら取り崩す場合の受取年額を求める際に用います。

問32 解答 **2**

みんほし教科書　P42

　公的介護保険の被保険者は、市町村または特別区の区域内に住所を有する40歳以上の者です。第1号被保険者は65歳以上の者、第2号被保険者は40歳以上65歳未満の医療保険加入者です。

	第1号被保険者	第2号被保険者
被保険者	市区町村に住所を有する65歳以上の人	市区町村に住所を有する40歳以上65歳未満の医療保険加入者
保険料	市区町村が保険料を徴収する 所得段階別定額保険料となる ※保険料は市区町村により異なる ※年金受給者は、原則として年金から天引き（特別徴収）される	医療保険者が医療保険料に上乗せして徴収する ＜健康保険＞ 協会けんぽの保険料率に求づく （労使折半） ＜国民健康保険＞ 前年の所得などを基準に決められる
受給権者	要介護者・要支援者	老化に基因する疾病（特定疾病）によって、要介護者・要支援者となった者のみ
自己負担	65歳以上：1割、2割または3割 40歳以上65歳未満：1割 なお、食費と施設での居住費は全額利用者負担	

問33 解答 **2**　　　　　　　　　　　　みんほし教科書　P37

　　産科医療補償制度に加入する病院で出産した場合の出産育児一時金の額は、1児につき50万円です。

問34 解答 **3**　　　　　　　　　　　　みんほし教科書　P62

　　老齢基礎年金は原則65歳から支給されますが、希望により60歳から64歳までに「繰上げ」が、66歳から75歳までに「繰下げ」ができます。

　　繰上げの場合は、1カ月当たり0.4％が減額、繰下げの場合は、1カ月当たり0.7％が増額されます。30カ月支給を繰り下げた場合、老齢基礎年金の増額率は、21％（0.7％×繰下げた月数30カ月）となります。

| 繰上げ（60歳から64歳） | 「0.4％×繰上げた月数」が一生涯にわたり減額 |
| 繰下げ（66歳から75歳） | 「0.7％×繰下げた月数」が一生涯にわたり増額 |

問35 解答 **2**　　　　　　　　　　　　みんほし教科書　P89

　　貸金業法の総量規制により、個人が貸金業者による個人向け貸付を利用する場合の借入合計額は、原則として、年収の3分の1以内です。

問36 解答 **1**　　　　　　　　　　　　みんほし教科書　P102

予定利率が高い契約の保険料は、安くなります。
予定死亡率が高い契約の保険料は、高くなります。
予定事業費率が高い契約の保険料は、高くなります。

問37 解答 **2**

みんほし教科書 P121

契約者貸付制度は、契約者の請求により解約返戻金額の一定の範囲内で保険会社が資金を貸し付ける制度のことです。貸付金には所定の利息がかかり、返済がない場合に保険契約が失効または解除となる場合もあります。

問38 解答 **2**

みんほし教科書 P127

生命保険契約において、契約者（＝保険料負担者）が夫、被保険者が夫、死亡保険金受取人が妻である場合、妻が受け取る死亡保険金は「相続税の課税対象」となります。

契約者	被保険者	受取人	対象となる税金
夫	夫	妻	相続税
夫	妻	夫	所得税（一時所得）
夫	妻	子	贈与税

問39 解答 **3**

みんほし教科書 P141

地震保険の保険金額は、火災保険の保険金額の30％〜50％の範囲で設定されますが、次のとおり上限があります。

保険の対象	保険金額（上限）
居住用建物	5,000万円
家財（生活用動産）	1,000万円

解答 1

みんほし教科書　P148

　製造・販売した製品の欠陥等や作業を行った結果として第三者の身体や財産に損害が生じた場合、法律上の損害賠償責任を負うことによって被る損害を補償する保険として、**生産物賠償責任保険（ＰＬ保険）** があります。

 解答 2

みんほし教科書　P158

　マネーストック（統計）は、国や金融機関を除く一般法人、個人、地方公共団体などの民間部門（通貨保有主体）が保有する通貨量の残高を集計したもので、**日本銀行**が毎月作成・公表しています。

問42 **解答 2**

みんほし教科書　P212

　追加型株式投資信託を基準価額 1 万3,000円で 1 万口購入し、決算後の基準価額が 1 万2,700円になっています。つまり、決算時に支払われた400円の収益分配金のうち300円は元本から払い戻されていることになります。したがって、400円の収益分配金の内訳は、普通分配金が100円、元本払戻金（特別分配金）が300円となります。

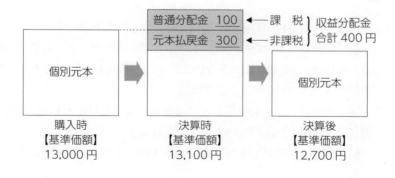

問43 解答 **1**

みんほし教科書 P182

最終利回りとは、既発債を償還まで保有した場合の利回りです。

$$最終利回り（％）＝\frac{クーポン＋\dfrac{額面（100円）－買付価格}{所有期間（年）}}{買付価格}×100$$

$$＝\frac{2.0+\dfrac{100-105}{4}}{105}×100＝0.714\cdots≒0.71％$$

問44 解答 **3**

みんほし教科書 P217

ポートフォリオの期待収益率は、個別資産の期待収益率をポートフォリオの構成比で加重平均して求めます。

	A資産	B資産
期待収益率	3.0%	5.0%
ポートフォリオの構成	40%	60%

ポートフォリオの期待収益率＝3.0%×0.4+5.0%×0.6＝4.2%

問45 解答 **2**

みんほし教科書 P167

預金保険制度による保護については、以下のとおりです。

決済用預金は預金保険制度によって全額保護されます。なお、決済用預金の3要件は、「①利息がつかない②預金者が払戻しをいつでも請求できる③決済サービスを提供できる」です。

定期積金は、1金融機関ごとに預金者1人当たり元本1,000万円までとその利息等が預金保険制度により保護されます。

譲渡性預金、外貨預金などは、預金保険制度による保護の対象外です。

問46 解答 **1** みんほし教科書 P237

　1998年4月1日以後に取得した建物（鉱業用減価償却資産等を除く）は、定額法のみであり、定率法などは選択できません。

 問47 解答 **1** みんほし教科書 P249

　所得税において、老齢基礎年金や老齢厚生年金を受け取ったことによる所得は、雑所得となります。

 問48 解答 **1** みんほし教科書 P246

　譲渡した土地・建物の取得費が不明である場合は、または取得費が譲渡収入金額の5％に満たない場合は、概算取得費※を取得費として適用することができます。

※概算取得費＝譲渡収入金額×5％相当額

問49 解答 **1** みんほし教科書 P254

　青色申告の特典には主に以下のものがあります。

- 青色申告特別控除（10万円・55万円・65万円）
- 青色事業専従者給与の必要経費算入
- 純損失の3年間の繰越控除
- 前年分の所得税の繰戻還付
- 減価償却の優遇

 **解答 3**

みんほし教科書　P280

　　給与所得者は勤務先で年末調整により所得税の地震保険料控除の適用を受けることができます。雑損控除、寄附金控除と医療費控除は年末調整による適用を受けることができないため、確定申告を行います。

 解答 2

みんほし教科書　P295

　　相続税路線価は、相続税や贈与税を算定する際の土地等の評価額の基準となる価格であり、地価公示法による公示価格の80%を価格水準の目安として設定されます。国税庁ホームページの路線価図で確認可能です。

土地の公的評価	価格水準
公示価格	100%
基準地標準価格	100%
相続税評価額（路線価）	公示価格の80%
固定資産税評価額	公示価格の70%

 解答 1

みんほし教科書　P298

　　不動産登記記録は、表題部と権利部から構成されています。権利部は甲区と乙区に区分されています。

【不動産登記の記載事項】

表題部		物理的現況（土地や建物の表示）
権利部	甲区	所有権に関する事項（所有権の保存・移転、差押等）
	乙区	所有権以外の権利に関する事項（抵当権、賃借権等）

問53　解答 **1**　　　　　　　　　　　　みんほし教科書　P327

　建築基準法によると、建築物の高さは、10mまたは12mのうち、以下の地域に関する都市計画において定められた建築物の高さの限度を超えてはなりません。

- 第1種低層住居専用地域
- 第2種低層住居専用地域
- 田園住居地域

問54　解答 **1**　　　　　　　　　　　　みんほし教科書　P328

　所有する農地を自宅の建築を目的として宅地に転用する場合は、農地法4条（転用）により、原則として都道府県知事等の許可が必要です。ただし、**市街化区域内**にある農地については、**あらかじめ農業委員会に届出**をすれば都道府県知事等の許可は不要です。

【農地法】

	農地法3条 （権利移転）	農地法4条 （転用）	農地法5条 （権利移転・転用）
対　象	農地、採草放牧地	農地のみ	農地、採草放牧地
許可権者 （原則）	農業委員会	都道府県知事等	都道府県知事等
例　外 （許可不要）	国・都道府県土地収用法で収用（売買不可）	国・都道府県土地収用法で収用（売買不可） 市街化区域内の農地 ➡農業委員会届出	国・都道府県土地収用法で収用（売買不可） 市街化区域内の農地 ➡農業委員会届出

問55　解答 **1**

みんほし教科書　P341

　「居住用財産を譲渡した場合の長期譲渡所得の課税の特例」（軽減税率の特例）の適用を受けた場合、課税長期譲渡所得金額の**6,000万円以下の部分**については、所得税および復興特別所得税**10.21％**、住民税**4％**の軽減税率が適用されます（6,000万円超の部分については、所得税および復興特別所得税15.315％、住民税5％の税率が原則どおり適用される）。適用を受けるには、譲渡した年の1月1日における所有期間が10年超など一定の要件があります。なお、3,000万円の特別控除との併用は可能です。

・・・

問56　解答 **3**

みんほし教科書　P389

　個人が法人からの贈与により取得した財産については、**一時所得**として所得税が課されます。なお、個人間の贈与により取得した財産については、原則として贈与税の課税対象となるため所得税は課されません。

・・・

問57　解答 **1**

みんほし教科書　P398

　贈与された財産の価格が基礎控除額110万円を超える場合、受贈者は、原則として、贈与を受けた年の**翌年2月1日から3月15日**までに、贈与税の申告書を**受贈者の住所地**を所轄する税務署長に提出することになっています。

・・・

問58　解答 **3**

みんほし教科書　P356

　被相続人Aさんには第一順位となる子がいません。相続人は、妻Bさんと第二順位となる直系尊属（父Cさんと母Dさん）です。この場合の法定相続分は、妻Bさん：2/3、母Dさん（父Cさん）：1/3×1/2＝1/6となります。

・・・

問59　解答 **2**　　　　　　　　　　　みんほし教科書　P363

　被相続人が相続人に対して遺さなければならない相続財産のうちの一定割合が遺留分として定められています。なお、被相続人が遺留分を侵害する遺贈をしても有効ですが、遺留分権利者は遺留分の保全のために遺留分を主張する権利が民法で与えられています（ただし、時効があり、遺留分を侵害する遺贈があったことを知った日から1年、または相続開始から10年に限る）。

- **遺留分権利者**：兄弟姉妹以外の相続人
- **遺留分の割合**：直系尊属のみが相続人であるケースは1／3、それ以外のケースは1／2

- **遺留分を算定するための財産の価額**：2億4,000万円
- **長女Eさんの遺留分**：
　1／2（遺留分の割合）×1／6（法定相続分）＝1／12
　2億4,000万円×1／12＝2,000万円

問60　解答 **1**　　　　　　　　　　　みんほし教科書　P376

　Aさんの法定相続人について、第一順位の子がおらず、配偶者（妻Bさん）と第二順位の母Cさんの計2人が法定相続人となります。
- **遺産に係る基礎控除額**＝3,000万円＋600万円×法定相続人の数
　　　　　　　　　　　　＝3,000万円＋600万円×2人
　　　　　　　　　　　　＝4,200万円

学科試験

問1

解答 ✕

みんほし教科書 P5

　生命保険募集人の登録を受けていないFPは、保険の募集や勧誘を行うことはできないものの、必要保障額の試算を行うこと、保険商品の仕組みや商品内容の説明は保険業法において禁止されていません。

問2

解答 ✕

みんほし教科書 P37〜38

　業務外の事由による負傷または疾病の療養のため労務に服することができずに、連続して3日間休業して報酬を受けられなかった場合は、4日目以降の休業した日について傷病手当金が支給されます。

問3

解答 ✕

みんほし教科書 なし

　全国健康保険協会管掌健康保険の任意継続の加入期間は被保険者の資格を取得した日から2年間であるものの、任意継続被保険者でなくなることを希望する旨を保険者に申し出るなど一定の事由に該当するときは、途中で被保険者の資格を喪失します。

問4 解答 ✕　　　　　　　　　　　　　みんほし教科書　P77

　子のない45歳の妻が遺族厚生年金の受給権を取得した場合、妻が65歳に達するまでの間、妻に支給される遺族厚生年金に中高齢寡婦加算額が加算されます。

問5 解答 ✕　　　　　　　　　　　　　みんほし教科書　P20

　日本政策金融公庫の教育一般貸付（国の教育ローン）の使途は、入学金や授業料などの学校納付金だけでなく、受験費用や在学のために必要となる住居費用、定期代やパソコン購入費など幅広く利用できます。

問6 解答 〇　　　　　　　　　　　　　みんほし教科書　P103

　生命保険の保険料のうち、将来の死亡保険金・生存保険金を支払うための財源となる純保険料は、予定利率および予定死亡率に基づいて計算されます。
　また、保険制度を維持するための財源となる付加保険料は、予定事業費率に基づいて計算されます。純保険料と付加保険料を合わせた保険料を契約者が保険会社に払い込みます。

問7 解答 〇　　　　　　　　　　　　　みんほし教科書　P113〜114

　原則として、それまでと同じ保障内容・保険金額での更新にあたっては、医師の診査、健康状態の告知は不要です。

問8　解答 ✕

みんほし教科書　P111

　収入保障保険の死亡保険金を年金形式で受け取る場合の受取総額は、一時金で受け取る場合の受取額よりも多くなります。逆に、一時金で受け取る場合は、保険期間満了までに見込まれる年金現価の運用益が差し引かれて支払われるため少なくなります。

問9　解答 〇

みんほし教科書　P142〜143

　自動車損害賠償責任保険（自賠責保険）では、対人事故のみを補償の対象としており、単独事故による運転者自身のケガについては補償していません。なお、対物事故も対象外です。

問10　解答 ✕

みんほし教科書　P146

　国内・海外旅行傷害保険では、細菌性食中毒は補償の対象です。なお、国内旅行傷害保険では、地震・噴火・津波等による傷害は補償の対象外となります（海外旅行傷害保険では、地震・噴火・津波等による傷害は補償の対象）。

問11 解答 ✗

みんほし教科書　P163

　日本銀行の金融政策の１つである公開市場操作により、日本銀行が金融機関の保有する有価証券の買入を行えば、市中に出回る資金量が増加します。したがって金利は低下します。この操作を買いオペレーションといい、金融緩和政策となります。したがって、国債買入オペは、日本銀行が長期国債（利付国債）を買い入れることによって、金融市場の資金量を増やすオペレーションです。

- ●**買いオペレーション**➡通貨量増加・金利低下【金融緩和政策】
- ●**売りオペレーション**➡通貨量減少・金利上昇【金融引締政策】

問12 解答 ✗

みんほし教科書　P202

　先物やオプションを利用し、ベンチマークとなる指標の値動きに対して、同じ方向または逆の方向に連動したパフォーマンスとなるように運用するファンドをブルベア型ファンドといいます。レバレッジを掛けることにより、２倍、３倍等の投資成果を得ることが期待できる一方、市場動向等によっては大きく損をする可能性もあります。ベンチマークとなる指数の上昇局面において、基準価額が上昇するファンドはブル型であり、ベア型ファンドは、指数の下落局面で基準価額が上昇します。

 解答 ○

みんほし教科書　P158

　景気動向指数には、コンポジット・インデックス（ＣＩ）とディフュージョン・インデックス（ＤＩ）があります。

【主な目的】

- ＣＩ：構成する指標の動きを合成することで景気変動の大きさやテンポ（量感）を測定
- ＤＩ：構成する指標のうち、改善している指標の割合を算出することで景気の各経済部門への波及の度合い（波及度）を測定

. . . .

 解答 ✕

みんほし教科書　P192

　日経平均株価とは、東京証券取引所「プライム市場」に上場する銘柄のなかから日本経済新聞社が225銘柄を選定し、その株価をもとに算出する指数です。

. . . .

 解答 ✕

みんほし教科書　P219

　オプション取引において、特定の商品を将来の一定期日に、あらかじめ決められた価格（権利行使価格）で売る権利のことを「プット・オプション」といいます。買う権利のことを「コール・オプション」といいます。

. . . .

問16 解答 ✕ みんほし教科書　P249

　所得税において、老齢基礎年金や老齢厚生年金を受け取ったことによる所得は、雑所得となります。一定金額以上を受給するときには所得税および復興特別所得税が源泉徴収されているため、確定申告を行って税金の過不足を精算する必要があります。ただし、公的年金等の収入金額の合計額が400万円以下で一定要件を満たす場合、確定申告は不要になります。

【確定申告不要制度の対象者】

> 下記の①②のいずれにも該当する場合
> ①　公的年金等の収入金額の合計額が400万円以下、かつ、その公的年金等の全部が源泉徴収の対象
> ②　公的年金等に係る雑所得以外の所得金額（個人年金、給与所得、生命保険の満期返戻金など）が20万円以下

問17 解答 ✕ みんほし教科書　P243

　退職手当等の支払を受ける個人が「退職所得の受給に関する申告書」を提出しない場合、退職所得控除は適用されず、退職手当等の金額につき20.42％の税率による源泉徴収が行われるため確定申告を行って精算します。

問18 解答 ✕ みんほし教科書　P266

　医療費控除の特例として、セルフメディケーション税制の適用を受ける場合、所定の要件を満たせば、スイッチOTC医薬品の購入金額から1万2千円を差し引いた金額（最高8万8千円）を医療費控除として総所得金額から控除できます。なお、通常の医療費控除との選択適用となります。

問19 解答 ✕

みんほし教科書　P260

　扶養控除の適用を受ける要件として、納税者本人の合計所得の制限はないため、合計所得金額が1,000万円を超えている場合でも16歳以上の扶養親族を有していれば適用を受けることができます。

問20 解答 ○

みんほし教科書　P258

　所得税において、納税者の合計所得金額が1,000万円を超えている場合、納税者本人は配偶者控除の適用を受けることはできません。

【配偶者控除の適用を受ける要件】

①　配偶者と生計を一にしている
②　配偶者の合計所得金額が48万円以下
③　納税者本人の合計所得金額が1,000万円以下
④　配偶者が（青色）事業専従者ではない

【配偶者控除の控除額】

納税者本人の合計所得金額	控除対象配偶者	老人控除対象配偶者※
900万円以下	38万円	48万円
900万円超　　950万円以下	26万円	32万円
950万円超　1,000万円以下	13万円	16万円

※老人控除対象配偶者とは、70歳以上の控除対象配偶者のことです。

問21 解答 ✕

みんほし教科書　P304〜305

　不動産の売買契約において、買主が契約の履行に着手するまでは、売主は受領した解約手付の倍額を買主に現実に提供することで契約を解除することができます。

問22 解答 ✕ みんほし教科書 P301～302

　アパートやマンションの**所有者自らが行う貸借**（貸しビルやアパート経営をする行為など）は、**宅建業に含まれないため**、宅地建物取引業の規制の対象業務ではありません。したがって、宅地建物取引業の免許を取得する必要はありません。

- -

 問23 解答 ◯ みんほし教科書 P319

　都市計画区域および準都市計画区域内において、原則として、敷地は建築基準法に規定する幅員４m以上の道路に２m以上接していなければ、建物を建てることができません。

- -

 問24 解答 ◯ みんほし教科書 P330

　不動産取得税は、土地や家屋の購入、贈与、家屋の建築、等価交換などで不動産を取得したときに課されます（有償・無償の別、登記の有無を問わない）。ただし、**相続により取得した場合は課税されません**。

- -

みんほし教科書　P339～340

問25　解答 ○

　「居住用財産を譲渡した場合の3,000万円の特別控除」とは、マイホーム（居住用財産）を売却した場合に、所有期間の長短に関係なく譲渡所得から最高3,000万円まで控除できる特例です。

【主な要件】

- ●居住用財産であり、配偶者・父母・子などへの譲渡でないこと
- ●居住しなくなった日から3年を経過する日の属する年の12月31日までに譲渡すること
- ●前年、前々年にこの特例を受けていないこと

みんほし教科書　P386

問26　解答 ✕

　贈与契約は、当事者の一方が財産を無償で相手方に与える意思表示をし、相手方の受諾の意思表示をすることで効力が生じます。

みんほし教科書　P363

問27　解答 ○

　被相続人の直系尊属で、法定相続人である者は、遺留分権利者となります。被相続人が相続人に対して遺さなければならない相続財産のうちの一定割合が遺留分として定められています。被相続人が遺留分を侵害する遺贈をしても有効ではあるものの、遺留分権利者は遺留分を主張する権利が民法で与えられています。

- ●**遺留分権利者**：兄弟姉妹以外の相続人
- ●**遺留分の割合**：直系尊属のみが相続人であるケースは1／3
　　　　　　　　　　それ以外のケースは1／2

問28 解答 ◯

みんほし教科書　P382

　「配偶者に対する相続税額の軽減」とは、実際に取得した正味の遺産額が、次の金額のどちらか多い金額までは配偶者には相続税はかからない制度のことです。適用して相続税がゼロになる場合でも、相続税の申告書は提出する必要があります。

- 1億6千万円
- 配偶者の法定相続分相当額

問29 解答 ◯

みんほし教科書　P408

　契約者と被保険者が異なる場合、契約者が亡くなった後も契約者を相続することにより保険契約は存続します。その場合、相続税額の計算において保険契約の相続税評価額は、解約返戻金の額になります。

問30 解答 ✕

みんほし教科書　P404

　個人が、自己が所有する土地に賃貸マンションを建築して賃貸の用に供した場合、相続税額の計算上、当該敷地は貸家建付地として評価されます。
＜貸家建付地の相続税評価額＞
＝自用地価額×（1－借地権割合×借家権割合×賃貸割合）

問31　　解答 **1**　　　　　　　　　　　　　　　みんほし教科書　P14～15

　一定期間、一定の利率で複利運用して目標とする額を得るために必要な元金を求めるために目標とする額に乗じる係数は**現価係数**です。

　なお、**減債基金係数**は、一定期間、一定の利率で複利運用して目標とする額を得るために必要な毎年の積立額を求めるために、**資本回収係数**は、一定期間、一定の利率で複利運用しながら取り崩す場合の受取年額を求めるために用います。

問32　　解答 **1**　　　　　　　　　　　　　　　　みんほし教科書　P12

　可処分所得は、年収（給与収入等）から所得税などの税金および社会保険料を差し引いた金額です。

$$可処分所得の金額＝給与収入－（所得税・住民税＋社会保険料）$$
$$＝700万円－（55万円＋120万円）$$
$$＝\underline{525万円}$$

問33　　解答 **1**　　　　　　　　　　　　　　　　みんほし教科書　P21

　日本学生支援機構が取り扱う奨学金（貸与型）には、無利息の第一種奨学金と利息付（在学中は無利息）の第二種奨学金があります。

問34 解答 **1** みんほし教科書 P63

国民年金の第1号被保険者が付加年金に任意加入した場合、65歳から受け取る老齢基礎年金に上乗せして支給されます。

● 付加保険料は、月額400円
● 付加年金の支給額（年額）＝200円×付加保険料納付済期間の月数

 問35 解答 **3** みんほし教科書 P27

フラット35（買取型）は、住宅金融支援機構と民間金融機関が提携した住宅ローンです。融資金利は固定金利であり、融資実行時点の金利が適用されます。借入れをする際の保証人は不要です。なお、フラット35の金利を構成する要素の一つである「取扱金融機関の手数料率」は各金融機関が独自に設定しているため、フラット35の金利は金融機関ごとに異なります。

 問36 解答 **3** みんほし教科書 P95

生命保険契約者保護機構は、保険業法に基づいて設立した法人であり、国内で事業を行う全ての生命保険会社が会員として加入しています。国内で事業を行う生命保険会社が破綻した場合、生命保険契約者保護機構による補償の対象となる保険契約については、高予定利率契約を除いて責任準備金等の90％まで補償されます。

 **解答 3** みんほし教科書　P125

　2012年1月1日以降に締結した契約の生命保険料は、年間払込保険料80,000円以上で最高40,000円、合計で最高120,000円を所得控除できます。

【生命保険料控除制度（新制度）】

- ●**一般生命保険料**：定期保険、養老保険、終身保険、定期保険特約など
- ●**介護医療保険料**：医療保険、医療特約、通院特約、先進医療特約、がん保険など
- ●**個人年金保険料**：個人年金保険料税制適格特約が付加された年金保険
- ●**対象外**：災害割増特約、傷害特約など

 解答 3 みんほし教科書　P127

　生命保険契約において、契約者（＝保険料負担者）および死亡保険金受取人がAさん、被保険者がAさんの父親である場合、Aさんが受け取る死亡保険金は、「所得税の課税対象」となります。

契約者	被保険者	受取人	対象となる税金
A	A	Aさんの父親	相続税
A	Aさんの父親	A	所得税（一時所得）
A	B	Aさんの父親	贈与税

 解答 3 みんほし教科書　P137〜148

- ●**大数の法則**：少数では不確定なことも、大数でみると一定の法則があること
- ●**適合性の原則**：顧客の知識・経験・財産の状況およびその目的やその意向を十分に配慮しながら、顧客に適合した商品を販売すること
- ●**給付・反対給付均等の原則（公平の原則）**：保険料は保険会社が引き受ける危険（事故発生リスクの大きさや発生確率）の度合いに比例すること

問40 解答 **1**

みんほし教科書　P119

リビング・ニーズ特約では、**病気やケガの種類にかかわらず**、被保険者の余命が**6カ月以内**と判断された場合に、残りの期間において払い込む保険料とその利息分が差し引かれた死亡保険金の一部または全部を生前に受け取ることができます。

 問41 解答 **1**

みんほし教科書　P156

GDPとは、一定期間内に国内で生産された財やサービスの付加価値の合計額のことです。名目GDPと実質GDPがあります。

- **名目GDP**：GDPをその時の市場価格で評価したもので、物価の変動を反映した数値
- **実質GDP**：名目GDPから物価の変動による影響を差し引いた指標
- **GDPデフレーター**：名目GDP÷実質GDP
　　　　　　　　　1以上は、物価が上昇（インフレ）していることを示す。

 問42 解答 **3**

みんほし教科書　P201

グロース運用は、企業の将来の売上高や利益の伸び率が**市場平均よりも高い**など、成長性があると思われる銘柄に投資する運用手法のことです。

 問43 解答 **3**

みんほし教科書　P184

債券価格は、景気や政策等さまざまな要因による金融情勢を反映した市場金利の変化に応じて変動します。**市場金利が上昇すると、債券価格は下落し、利回りは上昇**します。

問44 解答 **2**　　　　　　　　　　　みんほし教科書　P185

　債券の格付けは、格付け会社により異なるものの、一般にＢＢＢ（トリプルＢ）以上のものを投資適格債といいます。

問45 解答 **3**　　　　　　　　　　　みんほし教科書　P205〜206

　外貨預金の預入時に、預金者が円貨を外貨に換える際に適用される為替レートはTTS、預金者が外貨を円貨に換える際に適用される為替レートはTTBです。金融機関が顧客と外国為替取引を行う際の当日受け渡し用に算出した基準レートがTTM（仲値）で、TTSとTTBの平均値です。

問46 解答 **1**　　　　　　　　　　　みんほし教科書　P233

　所得税において、賃貸マンションの貸付による所得は、事業的規模（5棟10室以上）で行われている場合であっても不動産所得となり、事業所得ではありません。

問47 解答 **1**　　　　　　　　　　　みんほし教科書　なし

　ふるさと納税の謝礼として寄附者が特産品を受けた場合の経済的利益は一時所得に該当するため、総合課税の対象となります。

問48 解答 **1**

みんほし教科書　P260

扶養控除の額は、扶養親族の年齢、同居の有無等により異なります。

【扶養控除の控除額】

区分		控除額
一般の控除対象扶養親族（16歳以上）		38万円
特定扶養親族（19歳以上23歳未満）		63万円
老人扶養親族 （70歳以上）	同居老親等以外の者	48万円
	同居老親等	58万円

問49 解答 **3**

みんほし教科書　P260

問48の**【扶養控除の控除額】**のとおり、特定扶養親族は、19歳以上23歳未満の扶養親族がいる場合に適用されます。

　　1月16日以後に新たに事業所得を生ずべき業務を開始した納税者が、その年分から所得税の青色申告の承認を受けようとする場合は、業務開始日から2カ月以内に、青色申告承認申請書を納税地の所轄税務署長に提出する必要があります。

● **青色申告の主な特典**

- ・青色申告特別控除（10万円・55万円・65万円）
- ・青色事業専従者給与の必要経費算入
- ・純損失の3年間の繰越控除
- ・減価償却の優遇

● **青色申告特別控除額55万円の主な適用要件**

- ・不動産所得・事業所得・山林所得を生ずべき一定の業務を行う
- ・青色申告承認申請書を税務署長に提出して承認される
- ・貸借対照表と損益計算書などを申告書に添付して期限内申告

● **青色申告特別控除額65万円の適用要件**

　　上記「青色申告特別控除額55万円」の適用要件に加えて、電子申告等（e-Taxによる申告または電子帳簿保存）の要件を満たした場合

問51 解答 **2** みんほし教科書　P298

土地の登記記録において、所有権に関する事項は、権利部（甲区）に記録されます。

【不動産登記の記載事項】

表題部		物理的現況（土地や建物の表示）
権利部	甲区	所有権に関する事項（所有権の保存・移転、差押等）
	乙区	所有権以外の権利に関する事項（抵当権、賃借権等）

 問52 解答 **3** みんほし教科書　P312

借地借家法において、定期建物賃貸借契約（定期借家契約）は更新できません。貸主は、期間満了の1年前から6カ月前までの間に、借主に対して期間満了により契約が終了する旨の通知をしなければ、その終了を借主に対抗することができません。なお、借主から更新の請求は認められないものの、貸主と借主の双方が合意すれば再契約は可能です。

 問53 解答 **2** みんほし教科書　P314

規約の変更やマンションに関する事項の決定は、集会を開いて決議します。

【区分所有法における主な決議要件・内容】

集会の決議要件	決議内容
各過半数の賛成	一般事項（小規模滅失による共用部分の復旧）
各4分の3以上の賛成	共用部分の重大な変更 規約の設定・変更・廃止
各5分の4以上の賛成	建替え

 **問54** 解答 **2**

みんほし教科書　P347〜348

$$純利回り（NOI利回り）＝\frac{年間収入－費用}{投資総額}×100$$

$$＝\frac{270万円－110万円}{5,000万円}×100＝3.2（\%）$$

 問55 解答 **2**

みんほし教科書　P384

　「相続財産に係る譲渡所得の課税の特例」（相続税の取得費加算の特例）とは、相続により土地・建物を取得した個人が、相続開始のあった日の翌日から相続税の申告期限の**翌日以後３年**を経過する日までにその土地・建物を譲渡した場合に適用されます。土地・建物の譲渡所得の金額の計算上、相続税額のうち所定の算式により計算した金額を譲渡した土地・建物の**取得費に加算**できます。

 問56 解答 **3**

みんほし教科書　P392

　贈与税の配偶者控除の適用を受けるためには、以下の要件を満たす必要があります。

【贈与税の配偶者控除】

対象となる贈与	居住用不動産の贈与または居住用不動産を取得するための金銭の贈与
婚姻期間の要件	贈与者である配偶者との婚姻期間が**20年以上**であることが必要
申告要件	一定の事項を記載した贈与税の申告書を提出することが必要
控除額	基礎控除110万円とは別に、**最高2,000万円**

※同じ配偶者の間では一生に１回のみ

問57 解答 **2**　　　　　　　　　　　　　　みんほし教科書　P387

　　死因贈与とは、贈与者の死亡により効力を生じる贈与のことです。死因贈与は贈与税ではなく、相続税の課税対象になります。

 問58 解答 **1**　　　　　　　　　　　　　　みんほし教科書　P397

　　直系尊属から結婚・子育て資金の一括贈与を受けた場合、受贈者１人につき1,000万円までは贈与税が非課税となります。贈与者が死亡した場合は、死亡日における残額は相続税の対象となります。また、受贈者が50歳に達すると、残額は贈与税の対象となります。なお、前年分の合計所得金額が1,000万円を超える場合は、当該制度の適用を受けることができません。

 問59 解答 **2**　　　　　　　　　　　　　　みんほし教科書　P372

　　死亡保険金の受取人が相続人（相続を放棄した人や相続権を失った人は含まない）である場合、死亡保険金には非課税の適用があります。相続人以外の者が取得した死亡保険金には非課税の適用はありません。

> **非課税限度額＝500万円×法定相続人の数**

 問60 解答 **1**　　　　　　　　　　　　　　みんほし教科書　P380

【相続税額の２割加算の対象】

> ① 「被相続人の配偶者、父母、子、代襲相続人」ではない人
> 　（例：被相続人の兄弟姉妹や、甥、姪など）
> ② 孫養子（ただし、代襲相続人ではない）

問1　**解答 ✗**

みんほし教科書　P5

　　税理士資格を有しないファイナンシャル・プランナーが、営利目的の有無、有償・無償を問わず、所得税の医療費控除について法律の条文を基に一般的な税法の解説や資料の提供を行う行為は税理士法に抵触しません。個別具体的な税理士業務を行うと税理士法に抵触します。

....

 問2　**解答 ○**

みんほし教科書　なし

　　老齢基礎年金の繰上げ支給または繰下げ支給を受けると、付加年金も老齢基礎年金と同様の減額率または増額率に応じて、減額または増額されます。

....

問3 解答 ◯

みんほし教科書　P73

【国民年金（遺族基礎年金）】

支給要件	被保険者または老齢基礎年金の受給資格期間が25年以上ある者が死亡したとき（死亡日の前日において保険料納付済期間が加入期間の3分の2以上あること。または、死亡日の属する月の前々月までの1年間に保険料の滞納がないこと）
対象者	死亡した者によって生計を維持されていた (1) 子のある配偶者 (2) 子 ※年金法上の子
年金額 （2024年度）	816,000円＋子の加算 ※子の加算 第1子・第2子：各234,800円 第3子以降：各78,300円

問4 解答 ◯

みんほし教科書　P20〜21

　日本政策金融公庫の教育一般貸付（国の教育ローン）は、返済期間が最長18年であり、在学期間中は利息のみの返済も可能です。

問5 解答 ◯

みんほし教科書　P28

　毎月の返済額を変更せずに返済期間を短くする期間短縮型のほうが、返済期間を変更せずに毎月の返済額を減額する返済額軽減型よりも、一部繰上げ返済による利息軽減効果が高いため、総返済額は少なくなります。

学科試験　解答・解説　第3回

問6 解答 ✕

みんほし教科書　P115

こども保険（学資保険）において、保険期間中に契約者（＝保険料負担者）である親が死亡した場合、保険契約は消滅せず、その後の保険料の払込みが免除されます。また、育英年金が支払われるタイプもあります。

問7 解答 ✕

みんほし教科書　P113〜114

定期保険特約付終身保険は、一般に更新後の保険料は更新前より高くなります。

これは、更新時の年齢で保険料を再計算するためです。

問8 解答 ✕

みんほし教科書　P146

海外旅行傷害保険では、地震や津波などの自然災害が原因でケガを負った場合、必要な治療費や救援者費用も補償の対象です。

問9 解答 ◯

みんほし教科書　P146

普通傷害保険（特約付帯なし）では、「急激かつ偶然な外来の事故」に該当しないため、細菌性食中毒およびウイルス性食中毒は保険金支払の対象外です。なお、国内旅行傷害保険や海外旅行傷害保険においては、補償の対象となります。

問10 解答 ⭕

みんほし教科書　P120

厚生労働大臣が認める医療技術・適応症・実施する医療機関は随時見直しされるため、**療養を受けた時点**において厚生労働大臣によって定められているものです。

問11 解答 ⭕

みんほし教科書　P160

物価が上昇すると商品を購入するために資金が必要になり、資金の需要が高まります。

それにより高い金利でも借りたい人が増えるため、金利が上昇しやすくなります。

問12 解答 ⭕

みんほし教科書　P201

インデックスファンドとは、株価指数などの指標に連動した運用を目指す投資信託のことをいいます。ベンチマーク（目安）となるインデックスは、日経平均株価やダウ平均株価などの株価指数、債券指数、REIT（不動産投資信託）指数、コモディティ指数などがあります。

問13 解答 ⭕

みんほし教科書　P194

配当性向とは、当期純利益に占める年間配当金（配当金総額）の割合を示す指標です。

$$配当性向（\%） = \frac{年間配当金}{当期純利益} \times 100$$

問14　解答 ✕

　オプション取引において、他の条件が同じであれば、満期までの残存期間が長いほど、プレミアム（オプション料）は高くなります。

【プレミアム（オプション料）】

満期までの残存期間	コール・オプション	プット・オプション
長い	高くなる	高くなる
短い	低くなる	低くなる

　オプション取引において、特定の商品を将来の一定期日に、あらかじめ決められた価格（権利行使価格）で買う権利のことを「コール・オプション」といいます。オプションの権利は、満期日（期日）に権利行使をしなければ消滅します。権利行使の可能性が高いか低いかについては、満期までの時間に影響を受けます。すなわち、満期までの時間は、プレミアム（オプション料）にも影響を及ぼします。他の条件が同じであれば、満期までの残存期間が長いほど価格が変動して権利行使価格を大幅に上回るチャンスが高いため、プレミアム（オプション料）は高くなります。

問15　解答 ⭕

　2024年から開始された新しいNISA制度には、「つみたて投資枠」と「成長投資枠」があり、つみたて投資枠の年間投資枠は120万円まで、成長投資枠の年間投資枠は240万円までとなっています。

問16　解答 ⭕

　建物は減価償却資産ですが、土地は減価しないため、減価償却資産ではありません。

問17 解答 ⚪

みんほし教科書　P262

　　生計を一にする妻その他の親族（子など）の負担すべき社会保険料を支払った場合には、その支払った金額を夫の社会保険料控除の対象にできます。

問18 解答 ⚪

みんほし教科書　P87

　　国民年金基金の掛金は、所得税において、社会保険料控除の対象となります。

問19 解答 ⚪

みんほし教科書　P258

　　配偶者控除の対象となる控除対象配偶者とは、合計所得金額が1,000万円以下である納税者本人と生計を一にする配偶者（合計所得金額が48万円以下）です。ただし、青色事業専従者と事業専従者は除きます。

＜配偶者控除の控除額＞

納税者本人の合計所得金額		控除対象配偶者	老人控除対象配偶者
	900万円以下	38万円	48万円
900万円超	950万円以下	26万円	32万円
950万円超	1,000万円以下	13万円	16万円

※老人控除対象配偶者とは、70歳以上の控除対象配偶者のことです。

 **問20** 解答 ✕

みんほし教科書　P273～274

住宅借入金等特別控除の適用を受けるためには、以下の要件が必要です。

【住宅借入金等特別控除（住宅ローン控除）の主な適用要件】

① 返済期間（償還期間）が**10年以上**の住宅ローンであること
② 住宅の建築、取得、増改築をしたこと

＜住宅の要件＞
● 床面積が50㎡※以上であること
● 中古住宅は、新耐震基準に適合していること
● 増改築は工事費用が100万円を超えること
● 店舗兼住宅は、居住用部分が2分の1以上あること

③ 取得後6カ月以内に居住し、適用を受ける各年の12月31日まで引き続き居住していること
④ 適用を受ける年の合計所得金額が2,000万円以下であること（※床面積が40㎡以上50㎡未満の場合は、適用を受ける年の合計所得金額が1,000万円以下に限る）

 問21 解答 ◯

みんほし教科書　P298

不動産の登記事項証明書は、登記事項を広く社会に公示するという性質上、当該不動産の所有者に限らず**誰でも**手数料を納付すれば**交付請求**できます。

 問22 解答 ✕

みんほし教科書　P312

定期建物賃貸借契約（定期借家契約）の場合は**存続期間の制限がない**ため、契約当事者の合意があれば1年未満とすることができます。なお、普通借家契約の場合は、1年未満の契約は期間の定めのない契約とみなされます。

問23 解答 ✕

みんほし教科書　P316

　都市計画区域の市街化区域内では、原則、1,000㎡以上の開発行為について都道府県知事等の許可を受ける必要があります。なお、市街化調整区域では、規模にかかわらず都道府県知事等の許可を受ける必要があります。
※非線引区域では3,000㎡以上で許可が必要です。

問24 解答 ◯

みんほし教科書　P319

　都市計画区域内にある幅員4m未満の道路であり、建築基準法第42条2項により道路とみなされるものについては、原則として、その中心線からの水平距離で2m後退した線がその道路の境界線とみなされます。

問25 解答 ✕

みんほし教科書　P341

　この特例を受けるためには、**相続開始から3年**を経過する年の12月31日までに譲渡する必要があります。

問26 解答 ◯

みんほし教科書　なし

　定期贈与とは、定期的に財産を給付することを目的とする贈与のことです。贈与者または受贈者のいずれかの**死亡**により効力を失います。当初の段階でまとまった金額を贈与することが確定していた場合は、定期金給付契約に基づく定期金の贈与として贈与税が課される場合があります。

解答 〇

みんほし教科書　P395

　「直系尊属から住宅取得等資金の贈与を受けた場合の贈与税の非課税」は、受贈者の贈与を受けた年の年分の所得税に係る合計所得金額が2,000万円以下であることなど所定の要件を満たす必要があります。

 解答 〇

みんほし教科書　なし

　遺言により相続分や遺産分割方法の指定がされていなければ、相続人全員で遺産分割協議を行うことになります。相続人全員が合意すれば、必ずしも法定相続分通りに相続財産を分割する必要はありません。

 解答 〇

みんほし教科書　P361

　公正証書遺言を作成するには、遺言者の真意を確保するために証人2人の立会いが義務づけられています。推定相続人および受遺者と、これらの配偶者および直系血族推定相続人はその証人となることができません。

問30 解答 ✕

みんほし教科書　P405

「小規模宅地等についての相続税の課税価格の計算の特例」における限度面積と減額割合は以下のとおりです。

宅地の区分		限度面積	減額割合
居住用	特定居住用宅地	330㎡	80%
事業用	特定事業用宅地	400㎡	80%
	特定同族会社事業用宅地		
貸付事業用宅地（貸付用不動産の宅地）		200㎡	50%

貸付事業用宅地等に該当する場合、その宅地のうち200㎡までを限度面積として、評価額の50％相当額を減額した金額を、相続税の課税価格に算入すべき価額とすることができます。

問31 解答 **1**

みんほし教科書　P14, 16

一定の利率で複利運用しながら一定期間経過後に目標とする額を得るために必要な毎年の積立額を試算する際、目標とする額に乗じる係数は、減債基金係数です。

∴　毎年の積立額＝目標とする額×減債基金係数

問32 解答 **3**

みんほし教科書　P55

国民年金の保険料免除の適用を受けた期間は、追納することができます。追納することができる保険料は、追納に係る厚生労働大臣の承認を受けた日の属する月前10年以内の期間に係るものに限られます。

問33 解答 **2**

みんほし教科書　P47

　基本手当は、失業の理由や被保険者期間等により、給付日数が異なります。

【自己都合・定年退職の場合の所定給付日数】

被保険者 期間	1年未満	1年以上 10年未満	10年以上 20年未満	20年以上
全年齢	―	90日	120日	150日

 問34 解答 **2**

みんほし教科書　P72

　子のいない障害等級1級に該当する者に支給される障害基礎年金の額は、子のいない障害等級2級に該当する者に支給される障害基礎年金の額の1.25倍に相当する額です。

【年金額（2024年度価格の場合）】

1級	816,000円× 1.25 ＋（子の加算）
2級	816,000円＋（子の加算）

 問35 解答 **2**

みんほし教科書　P25

　元利均等返済は、毎月の返済額（元金＋利息）が一定で、返済期間の経過とともに毎月の元金の返済額が増加する返済方法です。なお、借入額、金利、借入期間等の条件が同じであれば、通常、元金均等返済よりも元利均等返済の方が総返済額は多くなります。

	当初返済額	総返済額
元利均等返済	少ない	多い
元金均等返済	多い	少ない

問36 解答 **1**

みんほし教科書　P94, 102

生命保険の保険料は、大数の法則および収支相等の原則に基づき、予定死亡率、予定利率、予定事業費率の3つの予定基礎率を用いて計算されます。

【保険料】

●純保険料（保険金支払いの財源）：予定死亡率・予定利率を基に計算
●付加保険料（保険契約の維持・管理費用）：予定事業費率を基に計算

問37 解答 **1**

みんほし教科書　P118〜119

変額個人年金保険は、特別勘定の運用実績に基づいて将来受け取る年金額等が変動するものの、一般に、死亡給付金額には最低保証がありますが、解約返戻金には最低保証はありません。運用リスクは契約者が負います。

【変額個人年金保険】

年金原資	最低保証　△※
死亡給付金（積立期間中）	最低保証　あり○
解約返戻金	最低保証　なし×

※払込保険料の一定割合を最低保証するタイプもあります。

問38 解答 **1**

みんほし教科書　P117

有期年金は、生存している場合に限り、定められた期間の年金を受け取れます。なお、確定年金は生死に関係なく、定められた期間の年金を受け取れます。

 **問39** 解答 **2**

みんほし教科書 P145

　人身傷害補償保険では、自己の過失割合にかかわらず、保険金額を限度に実際の損害額が補償されます。自己の過失であるため相手から補償されない過失部分も、自身が加入する保険会社から支払ってもらえます。

 問40 解答 **1**

みんほし教科書 P151

　一般的に、責任開始日前に90日程度の免責期間が設けられており、その期間中にがんと診断されたとしてもがん診断給付金は支払われず、契約は無効となります。

 問41 解答 **1**

みんほし教科書 P163

　売りオペレーションは、日本銀行が国債等を売却し、金融市場から資金を吸収する政策のことです。それにより市場の資金量は減少するため、資金の需要が高まり、金利は上昇します。

 問42 解答 **2**

みんほし教科書 P201

　株式投資信託の運用において、日経平均株価や東証株価指数（ＴＯＰＩＸ）などの特定の指標をベンチマークとし、これを上回る運用成果を目指す手法をアクティブ運用といいます。これに対し、連動するような運用成果を目指す手法をインデックス（パッシブ）運用といいます。

　所有期間利回りとは、債券を償還期限（満期日）まで保有せず途中で売却した場合の利回りのことです。

$$所有期間利回り（\%）=\dfrac{クーポン+\dfrac{売却価格-買付価格}{所有期間（年）}}{買付価格}\times100$$

$$=\dfrac{2.0+\dfrac{102-104}{2}}{104}\times100=0.961\cdots\fallingdotseq0.96\%$$

$$PBR（株価純資産倍率）（倍）=\dfrac{株価}{1株当たり純資産}$$

$$PER（株価収益率）（倍）=\dfrac{株価}{1株当たり当期純利益}$$

$$ROE（自己資本利益率）（\%）=\dfrac{当期純利益}{自己資本}\times100$$

解答 1

みんほし教科書　P219

　オプション取引において、特定の商品を将来の一定期日に、あらかじめ決められた価格（権利行使価格）で買う権利のことを「コール・オプション」といいます。オプションの権利は、満期日（期日）に権利行使をしなければ消滅します。権利行使の可能性が高いか低いかについては、満期までの時間に影響を受けます。すなわち、満期までの時間は、プレミアム（オプション料）にも影響を及ぼします。オプションは、他の条件が同じであれば、満期までの残存期間が長いほど、プレミアム（オプション料）は高くなります。

解答 3

みんほし教科書　P241

　退職金収入にかかる経費はないはずであるものの、概算の経費として退職所得控除額がみとめられています。

- ●退職所得控除額＝40万円×20年＋70万円×（勤続年数－20年）
　　　　　　　　　＝800万円＋70万円×（35年－20年）
　　　　　　　　　＝1,850万円

【退職所得控除額】

勤続年数	退職所得控除額
20年以下	40万円×勤続年数※（最低80万円）
20年超	800万円＋70万円×（勤続年数※－20年）

※勤続年数に1年未満の端数があれば、1年に切り上げます。

問47 解答 1

みんほし教科書 P253

不動産所得において、土地等を取得するために要した負債の利子は、損益通算の対象外となります。

損益通算可能額＝総収入金額－必要経費（土地取得のための負債利子を除く）
$$＝200万円－（400万円－50万円）$$
$$＝▲150万円$$

赤字：200万円（損益通算可能なのは150万円）

総収入金額	200万円	
必要経費	400万円	50万円

損益通算対象外

問48 解答 2

みんほし教科書 P87

確定拠出年金の個人型年金の老齢給付金を一時金で受け取った場合、退職所得として所得税の課税対象となります。退職所得控除の金額は掛金を拠出した期間に連動します。なお、年金として分割受取する場合は雑所得となります。

問49 解答 2

みんほし教科書 P265

入院時に病院に支払った手術代や食事代は医療費控除の対象となります。一方で、入院の際の洗面具や衣服などの日用品の購入費用は対象外です。

 **問50** 解答 **2** みんほし教科書　P257

　所得税における基礎控除の額は、納税者本人の合計所得金額に応じて表のとおりとなります。

納税者本人の合計所得金額		控除額
	2,400万円以下	48万円
2,400万円超	2,450万円以下	32万円
2,450万円超	2,500万円以下	16万円
2,500万円超		0円

 問51 解答 **3** みんほし教科書　P295

　基準地標準価格は公示価格の補完のための価格であり、7月1日を基準日として、9月下旬頃に公表されます。

 問52 解答 **2** みんほし教科書　P303

　媒介契約には以下の3つがあります。
【媒介契約】

	一般媒介契約	専任媒介契約	専属専任媒介契約
他の業者に重ねて依頼	○	×	×
自己発見取引	○	○	×
契約有効期間	法定されていない	3カ月	3カ月
指定流通機関への登録	義務なし	契約締結日から7日以内	契約締結日から5日以内
報告義務	義務なし	2週間に1回以上	1週間に1回以上

問53　解答 **3**　　　　　　　　　　　　　　　　みんほし教科書　P314

規約の変更やマンションに関する事項の決定は、集会を開いて決議します。

【区分所有法における主な決議要件・内容】

決議要件	決議内容
各過半数の賛成	一般事項（小規模滅失による共用部分の復旧）
各4分の3以上の賛成	共用部分の重大な変更 規約の設定・変更・廃止
各5分の4以上の賛成	建替え

 問54　解答 **1**　　　　　　　　　　　　　　　　みんほし教科書　P338

譲渡所得は所有期間に応じて、短期と長期に分類されます。

- **長期譲渡所得に区分**：土地を譲渡した年の1月1日における所有期間が5年超
- **短期譲渡所得に区分**：土地を譲渡した年の1月1日における所有期間が5年以下

 問55　解答 **3**　　　　　　　　　　　　　　　　みんほし教科書　P342～343

特定のマイホーム（居住用財産）を売却して別のマイホームに買い換えたときは、一定の要件のもと、譲渡益に対する課税を将来に繰り延べることができます（ただし、譲渡益が非課税となるわけではありません）。一定の要件には、譲渡年の1月1日において売却するマイホームの所有期間が10年超であり、売却代金が1億円以下であることなどがあります。

問56　解答 **3**

みんほし教科書　P394

　暦年課税と相続時精算課税制度では、計算方法などが異なります。

【暦年課税と相続時精算課税制度の比較】

	暦年課税	相続時精算課税制度
贈与税の計算	（贈与額－110万円）×累進税率 特例贈与と一般贈与で異なる	{（贈与額－2,500万円） －110万円}×一律20%
条件	誰でも	60歳以上の父母・祖父母から18歳以上の子・孫への贈与（贈与の年の1月1日現在の満年齢）
贈与税の納税	暦年課税	基礎控除年間110万円および特別控除2,500万円を超えた場合は、贈与時に納税して、相続時に精算する

問57　解答 **2**

みんほし教科書　P363

　被相続人が遺留分を侵害する遺贈をしても有効ではあるものの、遺留分権利者には遺留分を主張する権利が民法で与えられています。

　兄弟姉妹以外の法定相続人である者が遺留分権利者となります（兄弟姉妹は、遺留分権利者とはなりません）。

- **遺留分権利者**：兄弟姉妹以外の相続人
- **遺留分の割合**：直系尊属のみが相続人であるケースは1／3
　　　　　　　　　それ以外のケースは1／2

問58 解答 **2**

みんほし教科書　P356

　本問において、民法上の相続人は、妻Bさん・長男Cさん・二男Dさんの3人になります。相続人の組合せが「配偶者と第一順位」である場合、妻Bさんの法定相続分は1/2、長男Cさん・二男Dさんの法定相続分はそれぞれ1/2×1/2＝1/4になります。

 問59 解答 **3**

みんほし教科書　P382

　原則として、その相続の開始があったことを知った日の翌日から**10カ月以内**に、被相続人の死亡時における住所地の所轄税務署長に相続税の申告書を提出します。

問60 解答 **3**

みんほし教科書　P380

　被相続人の配偶者および1親等の血族以外の人が相続等によって財産を取得した場合には、算出税額の2割が加算されます。

【相続税額の2割加算の対象】

① 「被相続人の配偶者、父母、子、代襲相続人」ではない人
　（例：被相続人の兄弟姉妹、甥、姪など）
② 孫養子（ただし、代襲相続人ではない者）

解答・解説編

実技試験（日本FP協会）

資産設計提案業務

※　間違えた問題に✓を記入しましょう。

問題	科目	論　　点	あなたの苦手※	
			1回目	2回目
1	ラ	FPと関連法規		
2	イ	キャッシュフロー表		
3	フ	バランスシート		
4		6つの係数		
5		傷病手当金		
6	金	投資信託		
7	融	投資信託の費用		
8		追加型投資信託		
9	不	建築面積の計算		
10	動	不動産に係る税金		
11	産	用途制限		
12	リ	保険証券の読み取り		
13	ス	生命保険金と税金		
14	ク	損害保険の種類		
15	タプ	総所得金額の計算		
16	ッラ	退職所得の計算		
17	クン	医療費控除の計算		
18	相	法定相続分		
19	続	贈与税の配偶者控除		
20		相続税の基礎控除額		

苦手論点チェックシート　実技（資産）・第 2 回

問題	科目	論　　　点	あなたの苦手※ 1回目	あなたの苦手※ 2回目
1	ラ	FPと関連法規		
2	イ	キャッシュフロー表		
3	フ	バランスシート		
4		6つの係数		
5		公的介護保険		
6	金	株式投資		
7	融	預金保険制度		
8		投資信託の費用		
9	不	建築面積の計算		
10	動	不動産の登記記録		
11	産	不動産の媒介契約		
12	リ	保険証券の読み取り		
13	ス	生命保険料控除		
14	ク	自動車保険		
15	タプ	医療費控除の計算		
16	ッラ	確定申告		
17	クンス ニ ング	不動産所得		
18	相	法定相続分		
19		公正証書遺言		
20	続	債務控除		

実技試験　資産設計提案業務

問1　解答 **2**

みんほし教科書　P5

1．○　**適切**。社会保険労務士資格を有していないFPは、社会保険労務士の独占業務はできないものの、顧客の「ねんきん定期便」等の資料から公的年金の受給見込み額を試算するなど、一般的な公的年金制度や社会保険制度の説明を行うことは可能です。社会保険労務士の独占業務には、労働者名簿や賃金台帳の作成などの「書類作成業務」や、雇用保険等の社会保険の加入・脱退などの「提出手続代行業務」などがあります。

2．×　**不適切**。投資助言・代理業（いわゆる投資顧問業）の登録をしていないFPは、専門的見地に基づく具体的な投資判断について有償・無償を問わず助言できません。一般的な情報や資料の提供にとどめる必要があります。

3．○　**適切**。税理士資格を有していないFPは、営利目的の有無、有償・無償を問わず、個別具体的な税理士業務を行うことができません。ただし、一般的な税法の解説や資料の提供にとどめるのであれば、相談料金を受け取ることは可能です。

（ア）を求める：411（万円）

●**年後の予想額（将来価値）＝現在の金額×（1＋変動率）**^{経過年数}

2028年の基本生活費：$380 \times (1 + 0.02)^4 = 411.324\cdots$

➡411（万円未満四捨五入）

（イ）を求める：1,414（万円）

金融資産残高＝前年の貯蓄残高×（1＋運用利率）±その年の年間収支

2026年の金融資産残高：$1,047 \times (1 + 0.01) + 357 = 1,414.47$

➡1,414（万円未満四捨五入）

問3　解答 **3**

みんほし教科書　P13

（単位：万円）

[資産]		[負債]	
普通預金	240	住宅ローン（自宅マンション）	1,000
定期預金	400		
投資信託	450	負債合計	1,000
上場株式	210		
生命保険（解約返戻金相当額）	50	[純資産]	（ア 4,050）
不動産（自宅マンション）	3,700		
資産合計	5,050	負債・純資産合計	5,050

【バランスシートの作成の手順】

　設例のデータ［保有財産（時価）］・［負債残高］から、資産合計と負債合計を求めます。バラスシートを作成すると、資産合計は5,050万円、負債合計は1,000万円となります。
　「資産合計＝負債・純資産合計」から純資産を求めます。
　純資産＝資産合計－負債合計＝5,050万円－1,000万円＝4,050万円

問4　解答 **2**

みんほし教科書　P14, 16

　退職一時金のうち700万円を年利2.0％で複利運用しながら5年間で均等に取り崩します。
　年間で取り崩すことができる最大金額は、「退職一時金（の一部）×資本回収係数」で求められます。
　700万円×0.21216（2.0％・5年の資本回収係数）＝1,485,120円

問5　　**解答 2**　　　　　　みんほし教科書　P37〜38

　「傷病手当金は業務外の病気やケガの療養のため、勤務先を休んだ日が連続して3日間続いた後4日目以降を休業して賃金が受けられない日について支給されます。休業1日当たりの支給額は、支給開始日以前の継続した（ア：12）カ月間の各月の標準報酬月額の平均額を30で除した額の（イ：3分の2）相当額です。」

解　説

休業1日あたりの傷病手当金支給金額
＝支給開始日以前の継続した12カ月間の各月の標準報酬月額を平均した額
　÷30×2/3

　支給期間は、支給を開始した日から1年6カ月です。連続して休んだ初めの3日間（待期期間）は支給されず、4日目から支給されます。

 問6　　**解答 3**　　　　　　みんほし教科書　P200, 214

1. ○　**適切**。MXファンドは、複数の資産（債券、株式、REIT）に分散投資している株式投資信託です。株式投資信託は2024年1月より開始されたNISA口座で購入できます。

2. ○　**適切**。収益分配金は運用の成果であるため、預金の利息のように一定額ではありません。運用状況によっては支払われないこともあるため、対象月の分配や分配金額が保証されているものではありません。

3. ×　**不適切**。購入代金は、「基準価額（1万口当たり）／1万口×購入口数＋購入時手数料（税込）」です。運用管理費用（信託報酬）は、運用期間中、信託財産から間接的に毎日差し引かれるコストであり、購入時に支払うものではありません。なお、信託報酬は、運用会社・販売会社・信託銀行の三者で配分されます。

問7　　解答 **3**

1．× **不適切**。正しくは、ノーロード型です。

2．× **不適切**。正しくは、信託報酬です。

3．○ 適切。

投資信託の費用	主な内容
購入時手数料	投資信託の購入時に支払う費用。購入時手数料が徴収されないノーロード型と呼ばれる投資信託もある。投資信託を購入する際に投資家が販売会社に支払う
運用管理費用 （信託報酬）	運用のための費用や情報開示のための資料作成・発送、資産の保管・管理などの費用として徴収される。信託財産の残高から日々、差し引かれる。運用期間中、信託財産から間接的に差し引かれる運用管理にかかる費用などをまかなう。運用会社・販売会社・信託銀行の3者で配分される
信託財産留保額	投資家間の公平性を保つために、一般的に、解約の際に徴収される。投資信託によっては差し引かれないものもある

（ア）を求める：元本払戻金（特別分配金）

収益分配前の個別元本の超過部分は「普通分配金400円」として課税の対象となり、元本の払い戻しとみなされる部分は「元本払戻金（特別分配金）600円」として非課税になります。

【収益分配金支払後の基準価格＜個別元本】

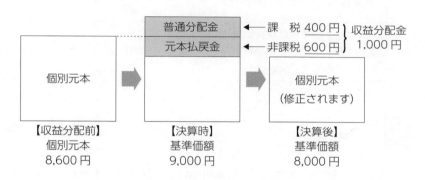

建築物の敷地は、原則として、幅員4m以上の道路に2m以上接することが建築基準法で定められています。資料の土地が面している市道は幅員6メートルのため「セットバック」しません。また、検討すべき緩和条件がないため、指定建蔽率で算出します。

建築面積＝敷地面積×指定建蔽率
$$=400㎡×80\%$$
$$=320㎡$$

解答 2

みんほし教科書　P331, 333, 335

税の種類	登録免許税	不動産取得税	固定資産税
課税主体	（ア　国）	都道府県	市町村（東京23区は東京都）
納税義務者	登記をする人	不動産の取得者 ただし、相続により取得した場合は非課税	毎年（イ　1月1日）現在の所有者
課税標準	固定資産税評価額 ただし、抵当権設定登記等を除く	（ウ　固定資産税評価額）	固定資産税評価額

解答 3

みんほし教科書　P318

1．〇　**適切**。住宅は、工業専用地域では建築できません。それ以外の地域では建築できます。

2．〇　**適切**。病院は、第一種・第二種低層住居専用地域、田園住居地域、工業地域および工業専用地域では建築できません。

3．×　**不適切**。小学校は、工業地域および工業専用地域では建築できません。それ以外の地域では建築できます。

内田浩さんは、2024年4月に初めてがん（大腸がん、悪性新生物）と診断され、がんの治療のために16日間入院し、その間に手術（給付倍率40倍）を1回受け、退院4ヵ月後に肺炎で11日間入院（手術なし）した。2024年中に支払われる保険金および給付金は、合計（ア **1,560,000円**）である。

解説

　がん（悪性新生物）による入院・手術の場合、下記の給付金を受け取ることができます。

- ●**がん診断給付金**：100万円
- ●**入院給付金**：入院1日目から1日につき10,000円
- ●**手術給付金**：1回につき手術の種類に応じて入院給付金日額の10倍・
　　　　　　　　　20倍・40倍

　なお、退院から4ヵ月後に肺炎で11日間入院（手術なし）しましたが、がん以外の疾病による入院給付金は受け取ることができません。

- ●**がん診断給付金**　　100万円
- ●**入院給付金**　　　　10,000円×16日＝16万円
- ●**手術給付金**　　　　10,000円×40倍＝40万円
- ∴保険金および給付金は合計：100万円＋16万円＋40万円＝156万円

問13 解答 **3**

みんほし教科書　P127

選択肢	契約	契約者	被保険者	受取人	対象となる税金
1．不適切	契約A	夫	妻	子 （死亡保険金）	贈与税
2．不適切	契約B	夫	夫	妻 （死亡保険金）	相続税
3．適切	契約C	夫	夫	夫 （満期保険金）	所得税 （一時所得） 住民税

問14 解答 **1**

みんほし教科書　P140, 146〜147

1．× **対象外**。仕事中の事故は補償の対象外です。個人賠償責任保険（特約）は日常生活における対人・対物事故による賠償責任を補償します。

2．○ **対象**。隣家からの火災による延焼で自宅建物が全焼した場合には、補償の対象となります。

3．○ **対象**。国内外を問わず、「急激・偶然・外来」の事故については、補償の対象となります。

問15 解答 **1**

布施さんの2024年分の所得税における総所得金額：215万円

● 給与所得の金額＝アルバイト収入－給与所得控除額

$$＝60万円－55万円$$
$$＝5万円$$

● 雑所得の金額＝老齢年金の年金額－公的年金等控除額

$$＝320万円－110万円$$
$$＝210万円$$

∴ 総所得金額＝給与所得の金額＋雑所得の金額

$$＝5万円＋210万円$$
$$＝215万円$$

 問16 解答 **1**

　退職金収入にかかる経費はないはずですが、概算の経費として退職所得控除額がみとめられています。なお、勤続期間23年8カ月は、1年未満の端数月を切り上げて24年として計算します。

● 退職所得控除額＝40万円×20年＋70万円×（勤続年数－20年）

$$＝800万円＋70万円×（24年－20年）$$
$$＝1,080万円$$

● 退職所得＝（退職金－退職所得控除額）×1／2

$$＝（2,000万円－1,080万円）×1／2$$
$$＝460万円$$

＜退職所得控除額＞

勤続年数	退職所得控除額
20年以下	40万円×勤続年数（最低80万円）
20年超	800万円＋70万円×（勤続年数※－20年）

※なお、勤続年数に1年未満の端数があれば、1年に切り上げます。

《医療費控除の控除額》

　医療費控除の控除額は総所得金額等の合計額×5％ と 10万円 のいずれか低い方の金額であり、200万円が上限になります。

（注）細田さんの2024年分の所得は給与所得700万円のみです。

　　　700万円×5％＝35万円　35万円＞10万円

　　　∴医療費控除の控除額は10万円

- **美容目的の施術代**
  150,000円➡×対象外
- **健康診断料**（重大な疾病が発見され、同年9月より治療のため入院）
  20,000円➡○対象
- **治療費**
  260,000円➡○対象

　∴医療費控除の金額（200万円限度）

> ＝実際に支払った医療費の合計額※−10万円
> ＝（20,000円＋260,000円）−10万円
> ＝180,000円

※生命保険契約などの入院費給付金や、健康保険などの高額療養費・家族療養費・出産育児一時金など、保険金などで補てんされる金額は差し引きます。予防のための医療費は対象外です。

問18　解答 **1**

みんほし教科書　P355〜356

　本問において、第一順位の相続人がいないため、妻：夏美さん以外の相続人は、第二順位の相続人である母：智子さんが相続人となります。したがって、法定相続分は、妻：夏美さん2/3、母：智子さん1/3となります。

問19　解答 **3**

みんほし教科書　P392

　「贈与税の配偶者控除の適用を受けるためには、贈与があった日において、配偶者との婚姻期間が（ア 20）年以上であること等の所定の要件を満たす必要があります。また、贈与税の配偶者控除の額は、最高（イ 2,000）万円です。」

【贈与税の配偶者控除について】

対象となる贈与	居住用不動産の贈与または居住用不動産を取得するための金銭の贈与
婚姻期間の要件	贈与者である配偶者との婚姻期間が20年以上であることが必要
申告要件	一定の事項を記載した贈与税の申告書を提出することが必要
控除額	基礎控除110万円とは別に、最高2,000万円

- -

問20　解答 **2**

みんほし教科書　P376

1．○　**適切**。相続税の計算に当たっては、同一の被相続人から相続または遺贈により財産を取得したすべての者に係る相続税の課税価格の合計額から、遺産に係る基礎控除額を控除します。

2．×　**不適切**。遺産に係る基礎控除額は、『3,000万円＋600万円×法定相続人の数』の算式によって計算した額となります。なお、法定相続人の数には、放棄したものも含みます。

3．○　**適切**。

- -

実技試験　資産設計提案業務

 問1　解答 **1**

みんほし教科書　P5

1. × 不適切。税理士資格を有していないFPは、営利目的の有無、有償・無償を問わず、個別具体的な相続税額を計算するなど税理士業務を行うことができません。ただし、一般的な税法の解説や資料の提供にとどめるのであれば、相談料金を受け取ることは可能です。

2. ○ **適切**。生命保険募集人・保険仲立人の登録を行っていないFPは、保険の募集や勧誘を行うことはできないものの、相談料金を受け取って必要保障額の試算を行うことや、保険商品の仕組みや商品内容を説明することは可能です。

3. ○ **適切**。投資助言・代理業（いわゆる投資顧問業）の登録をしていないFPは、専門的見地に基づく具体的な投資判断について助言することができませんが、運用報告書の記載内容について説明を行うことは可能です。

問2 解答 **3**

（ア）を求める：○**適切**。250万円

> **●年後の予想額（将来価値）＝現在の金額×（1＋変動率）**^{経過年数}

4年後の基本生活費：240×（1＋0.01)⁴＝249.744…
　　　　　　　　　➡250（万円未満四捨五入）

（イ）を求める：○**適切**。108万円

> **年間収支＝収入合計－支出合計**

2027年の年間収支：718－610＝108➡108（万円）

（ウ）を求める：×**不適切**。934万円

> **金融資産残高＝前年の残高×(1＋運用利率）±その年の年間収支**

2025年の金融資産残高：825×（1＋0.01）＋101＝934.25
　　　　　　　　　➡934（万円未満四捨五入）

問3　解答 **3**

みんほし教科書　P13

（単位：万円）

[資産]		[負債]	
普通預金	200	住宅ローン（自宅マンション）	2,500
定期預金	400		
投資信託	100	負債合計	2,500
上場株式	150		
生命保険（解約返戻金相当額）	30	[純資産]	（ア 1,880）
不動産（自宅マンション）	3,500		
資産合計	4,380	負債・純資産合計	4,380

＜バランスシートの作成の手順＞

① 設例のデータ［保有財産（時価）］［負債残高］から、資産合計と負債合計を求めます。資産合計は4,380万円、負債合計は2,500万円となります。
② 「資産合計＝負債・純資産合計」から純資産を求めます。
　　純資産＝資産合計－負債合計＝4,380万円－2,500万円＝1,880万円

問4　解答 **3**

みんほし教科書　P14, 16

　退職一時金のうち500万円を年利1.0％で複利運用しながら5年間で均等に取り崩します。

　年間で取り崩すことができる最大金額は、「退職一時金（一部）×資本回収係数」で求められます。

　500万円×0.20604（1.0％・5年の資本回収係数）＝1,030,200円

　　　　　　　　　　　　　　　　　　　➡103万円（万円未満切捨）

「介護保険では、（ア　40）歳以上の者が加入者となり、保険料は（イ　生涯）負担します。介護保険の給付を受けるためには、（ウ　市町村または特別区）の認定を受ける必要があり、認定審査の判定結果は、『要介護1～5』『要支援1・2』『非該当』と区分されます。要介護と認定されると居宅サービス、施設サービスのどちらも利用できます。」

解　説

被保険者は、市町村または特別区の区域内に住所を有する40歳以上の者です。第1号被保険者は65歳以上の者、第2号被保険者は40歳以上65歳未満の医療保険加入者です。

	第1号被保険者	第2号被保険者
被保険者	市区町村に住所を有する65歳以上の者	市区町村に住所を有する40歳以上65歳未満の医療保険加入者
保険料	市区町村が保険料を徴収する。所得段階別定額保険料となる ※保険料は市区町村により異なる ※年金受給者は、原則として年金から天引き（特別徴収）される	40歳になった月から、医療保険者が医療保険料に上乗せして徴収開始
受給権者	要介護者・要支援者	老化に起因する特定疾病または末期がんにより、要介護者・要支援者となった者のみ
自己負担	原則1割（食費と施設での居住費は全額利用者負担)※	

※第1号被保険者は所得により1～3割

問6 　解答 **1**

みんほし教科書　P194

1．× **不適切**。空欄（ア）にあてはまる語句は、「**上昇**」です。市場に出回る株数が減ると1株当たりの価値は上昇します。
2．○ **適切**。配当性向とは、株式会社が稼いだ純利益のうち株主へ配当した割合を示し、株主への還元率を表す指標です。純利益が同額であれば、株主へ支払う配当金が多い会社の方が配当性向は高くなります。
3．○ **適切**。株主優待制度とは、自社製品や割引券、商品券などの特典等を株式会社が株主に贈る制度のことです。

 問7 　解答 **1**

みんほし教科書　P166〜167

　決済用預金は全額保護されますが、円定期預金や利息の付く円普通預金などの一般預金等は、1金融機関ごとに預金者1人当たり元本1,000万円までとその利息等が預金保険制度により保護されます。外貨預金、投資信託、譲渡性預金、などは預金保険制度による保護の対象外です。

●普通預金　　　510万円➡○
●定期預金　　　220万円➡○
●外貨預金　　　120万円➡×
●株式投資信託　280万円➡×
　∴　510万円＋220万円＝730万円

投資信託の費用	主な内容
購入時手数料 （販売手数料）	購入時に支払う費用。投資信託の種類などにより費用は異なるが、同一の投資信託であっても購入時手数料は同額とはかぎらない
運用管理費用 （信託報酬）	運用のための費用や情報開示のための費用として徴収される。信託財産の残高から、毎日差し引かれる
信託財産留保額	投資家間の公平性を保つために、一般的に、換金の際に徴収される。差し引かれた金額は、手数料のように運用会社や販売会社の収益とならず、換金時に換金代金から差し引かれる。投資信託によっては差し引かれないものもある

解 説

　投資信託を取引する際に投資家が負担する費用は、目論見書などで確認できます。

● 「購入時手数料」は、投資信託を購入する際に投資家が販売会社に支払います。

● 「運用管理費用（信託報酬）」は、運用期間中、信託財産から間接的に差し引かれる運用管理にかかる費用などをまかないます。運用会社・販売会社・信託銀行の3者で配分されます。

● 「信託財産留保額」は、中途解約した投資家の換金代金から差し引かれます（差し引かれない投資信託もあります）。

 **問9**　　**解答 3**

　　甲土地の建築面積の最高限度を算出するために、基礎となる敷地面積を求めます。建築物の敷地は、原則として、幅員4m以上の道路に2m以上接することが建築基準法で定められています。資料の土地が面している市道は幅員3メートルのため「セットバック」を要します。

　　道路の中心線から2m後退させると、敷地内0.5m※は道路とみなして門や塀なども構築することはできません。

※ 3m÷2＝1.5m、2m−1.5m＝0.5m

∴敷地面積＝15m×（10.5−0.5）m＝150㎡

 問10　　**解答 3**

＜建物登記記録の構成＞

建物 登記記録	表題部	（ア 建物の所在や構造）	
	権利部	甲区	（イ 所有権移転登記）
		乙区	（ウ 抵当権設定登記）

（ア）　土地や建物の物理的現況について記載

（イ）　所有権保存・移転、差し押さえ等、所有権に関する事項について記載

（ウ）　抵当権や賃借権等、所有権以外の権利に関する事項について記載

1．○　**適切**。一般媒介契約は、**複数業者への重複依頼**や**自己発見取引**が認められています。

2．×　**不適切**。専任媒介契約では、依頼者に対し、媒介契約に係る業務の状況を**2週間に1回以上**報告しなければなりません。

3．○　**適切**。専属専任媒介契約を締結した宅地建物取引業者は、媒介契約締結日の翌日から**5日以内**に指定流通機構への登録義務があります。

	一般媒介契約	専任媒介契約	専属専任媒介契約
複数業者への重複依頼	可	不可	不可
自己発見取引	可	可	不可
依頼者への業務状況報告義務	なし	2週間に1回以上	1週間に1回以上
指定流通機構への登録義務	なし	媒介契約締結日の翌日から7営業日以内	媒介契約締結日の翌日から5営業日以内

 **問12**　　解答 **2**

　　交通事故で大ケガを負い、給付倍率20倍の手術（１回）を受け、継続して66日間入院した場合に、下記の給付金を受け取ることができます。

> 入院給付金：入院１日目から１日につき5,000円
> 　　　　　　＊同一事由の１回の入院給付金支払い限度は60日　∴60日分
> 手術給付金：１回につき手術の種類に応じて入院給付金日額の10倍・20倍・
> 　　　　　　40倍　∴20倍

- 入院給付金　5,000円×60日＝300,000円（入院は66日間であっても支払限度は60日）
- 手術給付金　5,000円×20倍＝100,000円
  給付金合計　300,000円＋100,000円＝400,000円

 問13　　解答 **3**

　　2012年１月１日以降に牧野浩太さんが締結した契約の生命保険料控除について、
① 定期保険（無配当）：年間支払保険料78,240円←一般の生命保険料控除の対象
② 医療保険（無配当）：年間支払保険料45,000円←介護医療保険料控除の対象
　　生命保険料控除額の速算表により、年間保険料に応じた控除額を求めます。
① 78,240円×１／４＋20,000円＝39,560円
② 45,000円×１／４＋20,000円＝31,250円
①＋②＝39,560円＋31,250円＝70,810円

 **問14** 解答 **3**

1. ○　**対象**。単独事故により車体が損傷した場合の修理費用は、車両保険（一般条件）により100万円を上限として補償されます。

2. ○　**対象**。相手から損害賠償金が受けられない場合の治療費用は、人身傷害（搭乗中のみ担保）1名あたり1億円を上限として補償されます。

3. ×　**対象外**。自宅のブロック塀を損壊した場合のブロック塀の修理費用は補償されません。対物賠償は、交通事故で他人の財産に損害を与え、賠償責任を負った場合に保険金が支払われます。

《医療費控除の控除額》

医療費控除の控除額は、**総所得金額等の合計額×５％** と **10万円**のいずれか低い方の金額であり、200万円が上限になります。

（注）守さんの2024年分の所得は給与所得650万円のみです。

650万円×５％＝32.5万円　32.5万円＞10万円

∴医療費控除の控除額は10万円

なお、その年の総所得金額等が200万円未満の者は、10万円ではなく、総所得金額等の５％の金額になります。

- 人間ドック代（重大な疾病が発見され、同年２月より治療のため入院）
  50,000円➡○対象
- 入院代（医療保険による給付金を８万円受給）
  220,000円−80,000円＝140,000円➡○対象
- 健康増進のためのビタミン剤の購入代
  60,000円➡×対象外
- 風邪のため市販の風邪薬の購入代
  5,000円➡○対象

医療費控除の金額（200万円限度）

＝実際に支払った医療費の合計額※−10万円
＝（50,000円＋140,000円＋5,000円）−100,000円
＝95,000円

※生命保険契約などの入院費給付金や、健康保険などの高額療養費・家族療養費・出産育児一時金など、保険金などで補てんされる金額は差し引きます。予防のための医療費は対象外です。

問16 解答 **1**

【必ず確定申告をしなければならない給与所得者】

① 給与の収入金額が2,000万円を超える者
② 給与所得や退職所得以外の所得金額（収入金額から必要経費を控除した後の金額）の合計額が20万円を超える者
③ 2カ所以上から給与の支払を受けている者　など

1．×　不要。飯山大介：一時所得10万円は、20万円を超えていません。

2．○　**必要。**山城正樹：住宅取得年の住宅借入金等特別控除は、年末調整では行われません。

3．○　**必要。**伊川正志：給与収入（年収）2,300万円は、給与の収入金額が2,000万円を超えています。

 問17 解答 **1**

　時間の経過とともに価値が目減りする資産について、減じた価値を不動産所得の必要経費として処理することを減価償却といいます。法定償却方法は定額法です。2024年の賃貸期間は7月～12月までの6カ月間であるため、減価償却は以下の計算式で求めます。

減価償却費＝取得価額×耐用年数に応じた償却率× $\dfrac{\text{賃貸に供した月数}}{12\text{ヵ月}}$

$$= 5{,}000\text{万円} \times 0.022（耐用年数47年の定額法の償却率）\times \dfrac{6\text{カ月}}{12\text{ヵ月}}$$

$$= 550{,}000\text{円}$$

 **解答 2**

　本問において、民法上の相続人は、子：雪枝さん、孫：結人さんとなります。配偶者：九男さんはすでに死亡しており、また、相続を放棄した純一さんは民法上の相続人となりません。子の真希さんはすでに死亡しており、真希さんの子である孫の結人さんが代襲相続人になります。第一順位の相続人は、代襲相続人含めて2人です。子の雪枝さんの法定相続分は1／2、孫の結人さんの法定相続分は1／2となります。

 解答 2

みんほし教科書　P361

　公正証書遺言は、遺言者が遺言内容を口述し、（ア 公証人）が筆記したうえで、遺言者・証人に読み聞かせ、または閲覧させて作成することを原則とし、その作成にあたっては、（イ 2人）以上の証人の立会いが必要とされます。なお、公正証書遺言については、家庭裁判所による検認が（ウ 不要）とされています。

解 説

種類	自筆証書遺言※2	公正証書遺言※3	秘密証書遺言
遺言可能年齢	15歳以上		
証人	不要	2人以上の証人が必要	
家庭裁判所の検認	必要※1	不要	必要

※1　遺言書保管所に保管する場合は不要です。
※2　自筆証書遺言は、証人が不要であり、単独で作成できます。
※3　公正証書遺言は、証人2人以上の立会いのもと、遺言者が遺言の趣旨を公証人に口授し、公証人がこれを筆記して作成します。公証人がその原本を厳重に保管する信頼性の高い遺言です。

1．○　**適切**。治療に係る医療費で未払いとなっているものは、債務控除の対象となります。

2．×　**不適切**。生前に購入した墓碑の購入代金で未払いとなっているものは、債務控除の対象外です。

3．×　**不適切**。葬儀の際に受け取った香典の返戻に要する費用は、債務控除の対象外です。

【相続税の債務控除】

葬式費用の対象（控除できる）	葬式費用の対象外（控除できない）
●葬式・葬送の費用（通夜・本葬費用） ●未払いの医療費 ●お布施・読経料・戒名料 ●火葬・埋葬・納骨費用	●香典返戻費用 ●墓碑および墓地等の購入金で未払いのもの ●法会に要する費用（初七日など）

解答・解説編

実技試験(金財)

個人資産相談業務

※　間違えた問題に✓を記入しましょう。

問題	科目	論　　点	あなたの苦手※	
			1回目	2回目
1	ラ	遺族基礎年金の計算		
2	イ	遺族厚生年金		
3	フ	公的介護保険		
4	金	株式の投資指標		
5		投資信託の費用		
6	融	新NISA		
7	タ	総所得金額の計算		
8	ッ	所得控除		
9	クス	医療費控除		
10	不	建蔽率・容積率の計算		
11	動	被相続人の居住用財産(空き家)を譲渡した場合の特例		
12	産	事業用定期借地権方式		
13	相	直系尊属からの贈与の特例		
14		相続に関する全般		
15	続	相続税の総額の計算		

苦手論点チェックシート　　実技（個人）・第 **2** 回

※　間違えた問題に✓を記入しましょう。

問題	科目	論　　点	あなたの苦手※	
			1回目	2回目
1	ラ	老齢基礎年金の計算		
2	イ	老齢厚生年金		
3	フ	学生納付特例制度		
4	金	外貨建て定期預金		
5		外貨建て預金の受け取り額の計算		
6	融	外貨建て預金の税金		
7	タ	総所得金額の計算		
8	ッ	所得控除		
9	クス	医療費控除および確定申告		
10	不	建蔽率・容積率の計算		
11	動	居住用財産を譲渡した場合の3,000万円の特例		
12	産	自己建設方式		
13	相	遺言		
14		相続に関する全般		
15	続	相続税の総額の計算		

実技試験　個人資産相談業務

【第1問】

問1　解答 **3**

みんほし教科書　P73〜74

【国民年金（遺族基礎年金）】

支給要件	被保険者または老齢基礎年金の受給資格期間が25年以上ある者が死亡したとき（死亡日の前日において保険料納付済期間が加入期間の3分の2以上あること。または、死亡日の属する月の前々月までの1年間に保険料の滞納がないこと）
対象者	死亡した者によって生計を維持されていた (1) 子のある配偶者 (2) 子 ※年金法上の子
年金額 （2024年度）	816,000円＋子の加算 ※子の加算 　第1子・第2子：各234,800円 　第3子以降：各78,300円

　遺族基礎年金は、18歳到達年度末日（3月31日）までの子のある配偶者に支給されます。設例からAさんの死亡時点において長男Cさん（6歳）がいるため、妻Bさんには子1人の加算額を含む遺族基礎年金が支給されます。

∴遺族基礎年金の年金額＝816,000円＋234,800円＝1,050,800円

問2 解答 **2**

みんほし教科書　P76〜77

　「遺族厚生年金の額は、原則として、Ａさんの厚生年金保険の被保険者記録を基礎として計算した老齢厚生年金の報酬比例部分の額の（① **4分の3**）相当額となります。ただし、Ａさんの場合、その計算の基礎となる被保険者期間の月数が（② **300**）月に満たないため、（② **300**）月とみなして年金額が計算されます。

　また、長男Ｃさんの18歳到達年度の末日が終了し、妻Ｂさんの有する遺族基礎年金の受給権が消滅したときは、妻Ｂさんが（③ **65**）歳に達するまでの間、妻Ｂさんに支給される遺族厚生年金に中高齢寡婦加算が加算されます」

解 説

　遺族厚生年金は、厚生年金の被保険者が死亡した場合に、その者によって生計を維持されている一定の遺族に支給されます。遺族厚生年金の額は、老齢厚生年金の報酬比例部分を計算した額の**4分の3**に相当します。遺族厚生年金の計算上、厚生年金被保険者期間が**300月**未満の場合に**300月**とみなして計算されます。

　また、中高齢寡婦加算は、「夫の死亡当時40歳以上65歳未満の子のない妻」、もしくは「子のある妻の場合、妻が40歳以上65歳未満で遺族基礎年金を受給できない期間」に加算されるものです。長男Ｃさんが18歳到達年度の末日になると遺族基礎年金の支給が打ち切られるため、その時点で妻Ｂさんが65歳に達するまでの間は中高齢寡婦加算が遺族厚生年金に加算されます。

問3 解答 **3**

みんほし教科書　P42

　「介護保険の被保険者が保険給付を受けるためには、（① **市町村（特別区を含む）**）から要介護・要支援認定を受ける必要があります。介護保険の被保険者は、（② **65歳**）以上の第1号被保険者と40歳以上（② **65歳**）未満の医療保険加入者である第2号被保険者に区分されます。介護保険の第2号被保険者は、特定疾病が原因で要介護状態または要支援状態となった場合に保険給付を受けることができます。

介護保険の第2号被保険者が介護給付を受けた場合、原則として、実際にかかった費用（食費、居住費等を除く）の（③　1割）を自己負担する必要があります」

解　説

　被保険者は、市町村または特別区の区域内に住所を有する40歳以上の者です。第1号被保険者は65歳以上の者、第2号被保険者は40歳以上65歳未満の医療保険加入者です。

	第1号被保険者	第2号被保険者
被保険者	市区町村に住所を有する65歳以上の者	市区町村に住所を有する40歳以上65歳未満の医療保険加入者
保険料	市区町村が保険料を徴収する。所得段階別定額保険料となる ※保険料は市区町村により異なる ※年金受給者は、原則として年金から天引き（特別徴収）される	40歳になった月から、保険者が医療保険料に上乗せして徴収開始
受給権者	要介護者・要支援者	加齢による特定疾病または末期がんにより、要介護者・要支援者となった者のみ
自己負担	原則1割（食費と施設での居住費は全額利用者負担）※	

※第1号被保険者は所得により1〜3割

| 問4 | 解答 **3** |

みんほし教科書　P193〜194

1）不適切。

株価の相対的な割高・割安を判断する指標として、PERやPBRがあります。X社株式のPERは14倍、PBRは1.75倍です。

● まず、PERを求める

$$1株当たりの純利益＝\frac{当期純利益}{発行済株式数}$$

X社株式の1株当たりの純利益＝$\frac{350億円}{1億4,000万株}$＝250円

$$PER（株価収益率）（倍）＝\frac{株価}{1株あたり純利益}$$

X社株式のPER＝$\frac{3,500円}{250円}$＝14倍

● 次に、PBRを求める

$$1株当たりの純資産＝\frac{自己資本（純資産）}{発行済株式数}$$

X社株式の1株当たりの純資産＝$\frac{2,800億円}{1億4,000万株}$＝2,000円

$$株価純資産倍率（PBR）（倍）＝\frac{株価}{1株あたり純資産}$$

X社株式のPBR＝$\frac{3,500円}{2,000円}$＝1.75倍

2）不適切。

PBRは、一般に、数値が低いほうが株価は割安と判断されます。今の株価は「純資産の何倍まで買われているか」を示す倍率です。株価の妥当性を検討する際は、同業他社の数値や自社における過去の傾向と比較するなど、

相対的な数値として投資判断材料の１つとします。

３）適切。

$$１株当たりの配当金＝\frac{年間配当金総額}{発行済株式数}$$

X社株式の1株当たりの配当金＝$\dfrac{98億円}{1億4,000万株}$＝70円

$$配当利回り（\%）＝\frac{１株当たり配当金}{株価}×100$$

X社株式の配当利回り＝$\dfrac{70円}{3,500円}$×100＝2.0%

問5 　解答 **2**

みんほし教科書　P200, 214

１）適切。

　新しいNISAでは、投資対象商品が「つみたて投資枠」と「成長投資枠」で異なるものの、いずれも特定公社債は対象外です。

２）不適切。

　「運用管理費用（信託報酬）」は、運用期間中、信託財産から間接的に差し引かれます。運用管理にかかる費用などをまかなうコストで、運用会社・販売会社・信託銀行の３者で配分されます。インデックス型投資信託は、アクティブ型投資信託よりも運用管理費用（信託報酬）が低い傾向があります。

投資信託の費用	主な内容
購入時手数料	投資信託の購入時に支払う費用。購入時手数料が徴収されないノーロード型と呼ばれる投資信託もある
運用管理費用（信託報酬）	運用のための費用や情報開示のための資料作成・発送、資産の保管・管理などの費用として徴収される。信託財産の残高から、日々、差し引かれる
信託財産留保額	投資家間の公平性を保つために、一般的に、解約の際に徴収される。投資信託によっては差し引かれないものもある

3）適切。

「信託財産留保額」は、中途換金時にかかるコストです。中途解約した投資家の換金代金から差し引かれます。

 問6　　解答 **3**

みんほし教科書　P214

1）不適切。

「新しいNISAの「つみたて投資枠」における年間非課税投資額は120万円です」

2）不適切。

「2024年以降にNISAの「成長投資枠」と「つみたて投資枠」を利用して株式投資信託等を保有することができる投資上限額（非課税保有限度額）は1,800万円であり、このうち「成長投資枠」での保有は1,200万円が上限となります」

3）適切。

「2024年から導入される新しいNISAの「つみたて投資枠」と「成長投資枠」における運用期間は無期限（期限なし）となります」

【第3問】

 問7　解答 **2**

みんほし教科書　P238〜239, 250

《Aさんの2024年分の収入等に関する資料》

● 給与収入の金額　　：1,100万円
● 老齢基礎年金の年金額：35万円
● 不動産所得の金額　　：▲120万円 (注)
(注)：土地等の取得に係る負債の利子はありません。

まず、給与収入の金額1,100万円より、給与所得の金額を求めます。

給与所得控除額＝195万円（速算表）

給与所得の金額＝給与収入－給与所得控除額

$\qquad$＝1,100万円－195万円

$\qquad$＝905万円

次に、年金収入の金額35万円より、雑所得の金額を求めます。

公的年金等控除額＝110万円（65歳以上の最低控除額）

雑所得の金額＝年金収入－公的年金等控除額

$\qquad$＝35万円－110万円

$\qquad$➡ 0円（マイナスはなし）

総所得金額＝給与所得の金額＋雑所得の金額＋不動産所得の金額

$\qquad$＝905万円＋0円＋▲120万円

$\qquad$＝785万円

ⅰ）「妻Bさんの合計所得金額は（① 48）万円以下であるため、Aさんは配偶者控除の適用を受けることができます。Aさんが適用を受けることができる配偶者控除の控除額は、（② 38）万円です」

ⅱ）「Aさんが適用を受けることができる長女Cさんに係る扶養控除は（③ 一般の控除対象扶養親族）であり、その控除額は、38万円です」

解　説

　妻Bさんの合計所得金額は25万円（給与収入80万円）であり、合計所得金額が48万円（給与収入103万円）以下となるため、Aさんの控除対象配偶者です。Aさんの合計所得金額は問7で求めたとおり785万円であり、900万円以下に該当するため、Aさんの配偶者控除（一般の控除対象配偶者）の額は、38万円となります。また、長女Cさん（25歳）は収入が50万円であるため控除対象扶養親族に該当し、扶養控除の額は38万円となります。

1）不適切。

　医療費の金額の合計額が10万円を超えると医療費控除額が算出されます。

> **医療費控除の金額（200万円限度）**
> ＝実際に支払った医療費の合計額[※1]－10万円[※2]

※1　生命保険契約などの入院費給付金や、健康保険などの高額療養費・家族療養費・出産育児一時金など、保険金などで補てんされる金額は差し引きます。

※2　総所得金額等が200万円未満の者は、10万円ではなく、総所得金額等の5％の金額になります。

2）適切。高額療養費の金額を控除する必要があります。

3）不適切。

　医療費控除は勤務先で年末調整において適用を受けるのではなく、申告が必要になります。

問10 解答 **2**   みんほし教科書　P320, 322, 324〜325

　①建築物の建築面積の上限は、建蔽率を用いて求めます。防火地域内に耐火建築物を建築する場合、および、防火地域内に耐火建築物等を建築する場合に建蔽率は10％緩和されます。さらに、甲土地は、**特定行政庁が指定する角地**であるため、建蔽率は10％緩和されます。

　②建築物の延べ面積の上限は、容積率を用いて求めます。前面道路の幅員が12m未満の場合、「指定容積率」と「前面道路の幅員×法定乗数」のいずれか小さい数値を容積率として敷地面積に乗じて求めます。

① 　建蔽率の上限となる建築面積＝敷地面積×建蔽率

$$＝400㎡×(60％＋10％＋10％)$$
$$＝320㎡$$

② 　容積率の上限となる延べ面積＝敷地面積×容積率

$$＝400㎡×240％^※$$
$$＝960㎡$$

※6m（幅員が広い方）×4/10＝24/10

　➡240％＜300％（指定容積率）∴240％

問11　解答 **1**　　　　　　　　　みんほし教科書　P340～341

ⅰ）「被相続人の居住用家屋およびその敷地を取得した相続人が、その家屋や敷地を譲渡し、本特例の適用を受けた場合、最高（① 3,000）万円の特別控除の適用を受けることができます。本特例の対象となる家屋は、（② 1981年5月31日）以前に建築されたもので、マンションなどの区分所有建物登記がされている建物は対象になりません」

ⅱ）「本特例の適用を受けるためには、譲渡価額が1億円以下であること、2027年12月31日までに行われる譲渡で相続開始日から同日以後（③ 3年）を経過する日の属する年の12月31日までに譲渡することなど、所定の要件を満たす必要があります」

解　説

　相続によって取得した空き家を、一人暮らしであった被相続人が死亡した日以後3年を経過した日の属する年の12月31日までに譲渡した場合に、一定の要件の下、その空き家を譲渡して得た利益から最高3,000万円を控除できます。
- ●相続した家屋の要件
  - ・相続開始の直前において被相続人が一人で居住していた
  - ・1981年5月31日以前に建築された区分所有建築物以外の建物
  - ・相続時から売却時まで、事業、貸付、居住の用に供されていない
  - ・相続により土地および家屋を取得
- ●譲渡する際の要件
  - ・譲渡価額が1億円以下
  - ・耐震リフォーム等により譲渡時において耐震基準に適合している家屋、または、相続人が家屋を取壊すこと　など

問12　解答 **1**　　　　　　　　　みんほし教科書　P311, 404

1）適切。

　事業用定期借地権方式の場合、期間を定めて土地を貸すため、甲土地を手放さずに安定した地代収入を得ることができます。土地の所有権はAさんで

114

あり、建物の所有権はX社です。期間満了後、X社は、原則として土地を更地にしてAさんに返還することになります。

2）不適切。

事業用定期借地権の設定契約を締結する場合の契約方式は公正証書に限ります。

3）不適切。

事業用定期借地権方式により、Aさんが甲土地をX社に賃貸した後に亡くなった場合、相続税の課税価格の計算上、甲土地は貸宅地として評価されるため、相続税額の軽減効果があります。建物の所有権はX社であるため、甲土地は貸家建付地とはなりません。

区分	普通借地権	定期借地権			建物譲渡特約付借地権
		一般定期借地権	事業用定期借地権		
			短期型（2項）	長期型（1項）	
建物利用目的	制限なし	制限なし	専ら事業の用に供する建物に限る（居住用建物は除く）		制限なし
存続期間	30年以上	50年以上	10年以上30年未満	30年以上50年未満	30年以上
借地権契約の更新	最初の更新：20年以上その後：10年以上	なし			
借地関係の終了	法定更新がある	期間満了	期間満了		建物所有権が地主に移転したとき
契約方式	制限なし	公正証書等の書面または電磁的記録	公正証書に限る		制限なし

実技試験　解答・解説　個人資産相談業務（第1回）

【第5問】

 問13　　解答 **3**

 みんほし教科書　P396

1）適切。

　教育資金は、受贈者1人につき1,500万円までが非課税となります。ただし、学校等以外の者に対して直接支払われる金銭の上限は500万円です。

2）適切。

　受贈者の要件として、前年の受贈者の合計所得金額が1,000万円以下でなければなりません。

3）不適切。

　受贈者が30歳に達したとき（学校等に在学中の場合を除く）、その時点で使い残りがあれば、原則として、その日に贈与があったものとみなされ、贈与税が課されます。

1）適切。

「小規模宅地等についての相続税の課税価格の計算の特例」適用前の金額

● 自宅（敷地310㎡）：8,000万円（注）

● 自宅（建物）：1,000万円

特定居住用宅地の相続税評価は330㎡限度に80％評価減になるため、20％評価となります。したがって、相続税の課税価格に算入すべき価額は、1,600万円＊となります。

＊自宅の相続税評価額8,000万円×（1−0.8）＝1,600万円

【小規模宅地等についての相続税の課税価格の計算の特例】

	宅地の区分	限度面積	減額割合
居住用	特定居住用宅地	330㎡	80％
事業用	特定事業用宅地	400㎡	80％
	特定同族会社事業用宅地		
貸付事業用宅地（貸付用不動産の宅地）		200㎡	50％

2）適切。

孫Fさんは既に死亡している二男Dさんの代襲相続人です。したがって相続税額の2割加算の対象外です。なお、次のとおり被相続人の兄弟姉妹等が財産を取得した場合、相続税額の2割加算の対象となります。

【相続税額の2割加算の対象】

① 「被相続人の配偶者、父母、子、代襲相続人」ではない者
　（例：被相続人の兄弟姉妹や、甥、姪など）

② 孫養子（ただし、代襲相続人ではない）

3）不適切。

相続の開始があったことを知った日の翌日から**10カ月以内**に、被相続人の死亡時における住所地の所轄税務署長に相続税の申告書を提出しなければなりません。

　課税遺産総額＝課税価格の合計額−遺産に係る基礎控除額

　　　　　　　＝1億2,000万円

【相続税の総額を求める】

　相続税の総額の計算過程においては、実際の遺産の分割割合とは無関係に、課税遺産総額を法定相続人が法定相続分に応じて仮に取得したものとして税額を算出します。

【法定相続分】

　妻Ｂさんが$\dfrac{1}{2}$、長男Ｃさんおよび孫Ｆ（二男Ｄさんの代襲相続）さんが $\dfrac{1}{2} \times \dfrac{1}{2} = \dfrac{1}{4}$ ずつとなります。

【法定相続人の法定相続分に応じた各取得金額】

　妻Ｂさん　　　1億2,000万円×$\dfrac{1}{2}$＝6,000万円

　長男Ｃさん　　1億2,000万円×$\dfrac{1}{4}$＝3,000万円

　孫Ｆさん　　　1億2,000万円×$\dfrac{1}{4}$＝3,000万円

【法定相続分に応じた取得金額に係る相続税額（速算表で計算）】

　妻Ｂさん　　　6,000万円×30％−700万円＝1,100万円

　長男Ｃさん　　3,000万円×15％−50万円＝400万円

　孫Ｆさん　　　3,000万円×15％−50万円＝400万円

【相続税の総額】

　1,100万円＋400万円＋400万円＝1,900万円

実技試験　個人資産相談業務

【第1問】

問1　**解答 1**

みんほし教科書　P60〜61

　　老齢基礎年金の年金額は、満額816,000円（2024年度価額）に、20歳から60歳までの40年（480カ月）間のうちの保険料納付済月数をかけて求めます。設例より、20歳から大学生であった期間（30月）は国民年金に任意加入していないため満額受給できません。

$$老齢基礎年金の年金額 = 816,000円 \times \frac{納付月数}{480月}$$

$$= 816,000円 \times \frac{480月 - 30月}{480月}$$

$$= 816,000円 \times \frac{450月}{480月}$$

問2 解答 **3**

1）不適切。

　特別支給の老齢厚生年金（報酬比例部分）は、1961年（昭和36年）4月2日以後に生まれた男性および1966年（昭和41年）4月2日以後に生まれた女性には支給されません。Aさんは、1968年（昭和43年）10月13日生まれの女性であるため、特別支給の老齢厚生年金（報酬比例部分）は受け取れません。

2）不適切。

　Aさんには、配偶者も年金法上の子もいないため、加給年金の支給対象外です。

　厚生年金保険の被保険者期間が原則として20年以上ある者が、老齢厚生年金の受給権を取得した時点で、生計を維持されている65歳未満の配偶者または18歳到達年度の末日までの子がいる場合等に加算される給付を加給年金といいます。

3）適切。

　65歳に達すると、老齢基礎年金および老齢厚生年金の受給権が発生します。老齢厚生年金の受給額は、65歳到達時における厚生年金保険の被保険者記録を基に計算されます。

「本制度は、国民年金の第1号被保険者で大学等の所定の学校に在籍する学生について、（① 学生本人）の前年所得が一定額以下の場合、被保険者等からの申請に基づき、国民年金保険料の納付を猶予する制度です。なお、本制度の適用を受けた期間は、老齢基礎年金の（② 年金額には反映されません）。

本制度の適用を受けた期間の保険料は、（③ 10）年以内であれば、追納することができます。ただし、本制度の承認を受けた期間の翌年度から起算して、3年度目以降に保険料を追納する場合には、承認を受けた当時の保険料額に経過期間に応じた加算額が上乗せされます」

解　説

学生納付特例制度の適用を受けた期間、合算対象期間（カラ期間）および納付猶予期間は、老齢基礎年金の受給資格期間には算入されますが、年金額の計算には反映されません。そのため、10年以内であれば追納により年金額に反映することができます。ただし、学生納付特例制度、その他の保険料の免除や納付猶予の承認を受けた期間の翌年度から起算して、3年度目以降に保険料を追納する場合は、経過期間に応じた加算額が上乗せされます。

問4　　解答 **1**　　　　　　　　　みんほし教科書　P166, 206, 207

1）適切。

米ドル建定期預金の満期時の為替レートが、預入時の為替レートに比べて円安・米ドル高となった場合に円で引き出すと「為替差益」が発生します。円換算の運用利回りは向上します。

2）不適切。

米ドル建定期預金は、金額の多寡にかかわらず、預金保険制度の保護の対象外です。外貨預金の他に、投資信託、譲渡性預金なども対象外です。

3）不適切。

国内の金融機関に預金している場合は、外貨預金の利息も、利息は利子所得として源泉分離課税となります。

・・

問5　　解答 **1**　　　　　　　　　みんほし教科書　P205〜207

● 預入金額：10,000米ドル

● 預入期間：6カ月➡0.5年

満期時に円貨で受け取った場合における元利金の合計額を求めます。

10,000米ドル×（1 +2.0%×0.5年）=10,100米ドル

満期時に米ドルを円に換える際に適用される為替レートは、金融機関が通貨を買うときのレートにあたるため、TTB（対顧客電信買相場）です。

∴　1米ドル=131.00円

10,100米ドル=131.00円×10,100=1,323,100円

・・

　「外貨預金による運用では、外国為替相場の変動により、為替差損益が生じることがあります。為替差益は（① 雑所得）として、所得税および復興特別所得税と住民税の課税対象となります。なお、為替差損による損失の金額は、外貨預金の利子に係る利子所得の金額と損益通算することが（② できません）」

解 説

　所得税において、為替予約を締結していない外貨定期預金の満期による為替差益は、雑所得として総合課税の対象となります。なお、為替差損による損失の金額は他の所得との損益通算ができません。

【外貨預金の税金】

	利息	為替差損益
為替予約なし	20.315%　源泉分離課税	雑所得

問7　解答 **3**

みんほし教科書　P238, 253

Aさんの2024年分の所得税における総所得金額を求めます。

● 給与所得の金額：給与収入金額－給与所得控除額

　　　　　　　＝給与収入金額－（給与収入金額×10％＋110万円）

　　　　　　　＝700万円－（700万円×10％＋110万円）

　　　　　　　＝700万円－180万円

　　　　　　　＝520万円

● 不動産所得の金額：20万円

（上場株式の譲渡損失の金額（証券会社を通じて譲渡したもの）30万円は、分離課税であるため、損益通算することができない）

∴総所得金額＝給与所得の金額＋不動産所得の金額

　　　　　　＝520万円＋20万円

　　　　　　＝540万円

- -

問8　解答 **3**

みんほし教科書　P258, 260

ⅰ）「妻Bさんの合計所得金額は（① 48）万円以下となりますので、Aさんは配偶者控除の適用を受けることができます。Aさんが適用を受けることができる配偶者控除の額は、（② 38）万円です」

ⅱ）「Aさんが適用を受けることができる扶養控除の額は、（③ 38）万円です」

【配偶者控除の控除額】

納税者本人の合計所得金額	控除対象配偶者	老人控除対象配偶者
900万円以下	38万円	48万円
900万円超　950万円以下	26万円	32万円
950万円超1,000万円以下	13万円	16万円

　控除対象配偶者とは、合計所得金額が1,000万円以下である納税者本人と生計を一にする配偶者（合計所得金額が48万円以下）です。妻Bさんは、2024年中の給与収入が70万円であるため給与所得は15万円（70万円－55万円）です。したがって、合計所得金額が48万円以下であるため控除対象配偶者となります。表より、配偶者控除の額は38万円です。なお、青色事業専従者と事業専従者は対象外です。

【扶養控除の控除額】

区　　分		控除額
一般の控除対象扶養親族（16歳以上19歳未満）		38万円
特定扶養親族（19歳以上23歳未満）		63万円
一般の控除対象扶養親族（23歳以上）		38万円
老人扶養親族（70歳以上）	同居老親等以外の者	48万円
	同居老親等	58万円

　長男Cさんは資料より2024年中の収入はありません。年間の合計所得金額が48万円以下（給与のみの場合は給与収入が103万円以下）であることから控除対象扶養親族です。年齢が16歳以上19歳未満であるため、一般の控除対象扶養親族となり、控除額は38万円です。

問9 解答 **2**

みんほし教科書　P253, 264, 280

1）不適切。

　総所得金額が200万円超のＡさんは、2024年中に支払った医療費の総額から10万円を差し引いて医療費控除額を算出します。

> 医療費控除の金額（200万円限度）
> ＝実際に支払った医療費の合計額※－10万円 (注)

※生命保険契約などの入院費給付金や、健康保険などの高額療養費・家族療養費・出産育児一時金など、保険金などで補てんされる金額は差し引きます。

（注）その年の総所得金額等が200万円未満の者は、総所得金額等の5％の金額になります。

2）適切。

　年末調整では医療費控除の適用を受けることができず、適用を受けるためには確定申告をする必要があります。

3）不適切。

　上場株式の譲渡損失の金額は、申告分離課税を選択した「上場株式等に係る配当所得等の金額」とは損益通算できるものの、その他の所得と損益通算することはできません。したがって、確定申告を行っても不動産所得の金額と損益通算することはできません。

問10　　解答 **3**　　　　　　　みんほし教科書　P320, 322, 324～326

　①建築物の建築面積の上限は、建蔽率を用いて求めます。防火地域内に耐火建築物等を建築する場合および、準防火地域内に耐火建築物等・準耐火建築物等を建築する場合に建蔽率は10%緩和されます。また、甲土地は、特定行政庁が指定する角地であるため、さらに、建蔽率は10%緩和されます。

　②建築物の延べ面積の上限は、容積率を用いて求めます。前面道路の幅員が12m未満の場合、「指定容積率」と「前面道路の幅員×法定乗数」のいずれか小さい数値を容積率として敷地面積に乗じて求めます。

① 　建蔽率の上限となる建築面積＝敷地面積×建蔽率

$$＝500㎡×(80\%＋10\%＋10\%)$$

$$＝500㎡$$

② 　容積率の上限となる延べ面積＝敷地面積×容積率

$$＝500㎡×300\%^※$$

$$＝1,500㎡$$

※7m（幅員が広い方）×法定乗数6/10＝42/10

　➡ 420%＞300%（指定容積率）　∴300%

「Aさんが駅前のマンションに転居し、その後、居住していない現在の自宅を譲渡した場合に、Aさんが『居住用財産を譲渡した場合の3,000万円の特別控除の特例』の適用を受けるためには、Aさんが居住しなくなった日から（① **3年**）を経過する日の属する年の12月31日までに現在の自宅を譲渡すること等の要件を満たす必要があります。本特例の適用を受けるにあたっては（② **所有期間の要件はありません**）。また、『居住用財産を譲渡した場合の長期譲渡所得の課税の特例』（軽減税率の特例）の適用を受ける場合、現在の自宅の譲渡に係る課税長期譲渡所得金額のうち、（③ **6,000万円**）以下の部分については、所得税および復興特別所得税10.21％、住民税４％の税率で課税されます」

解　説

　「居住用財産を譲渡した場合の長期譲渡所得の課税の特例」（軽減税率の特例）の適用を受けた場合、課税長期譲渡所得金額の6,000万円以下の部分については、所得税および復興特別所得税10.21％、住民税４％の軽減税率が適用されます（6,000万円超の部分については、所得税および復興特別所得税15.315％、住民税５％の税率が原則どおり適用される）。適用を受けるには、譲渡した年の１月１日における所有期間が10年超など一定の要件があります。また、3,000万円の特別控除との併用が可能です。

問12 解答 **3**

1）不適切。

　自己建設方式とは、土地の所有者が建築資金の調達、建設工事の発注、建物の管理・運営までの一切を自ら行う賃貸事業運営方式のことです。自己物件の賃借に限り、宅地建物取引業の免許は不要です。

2）不適切。

　Aさんが甲土地に賃貸マンションを建築した場合、甲土地は貸家建付地として評価されます。

貸家建付地の価額＝自用地価額×（1－借地権割合×借家権割合×賃貸割合）

3）適切。

　新築住宅については、固定資産税の課税標準を6分の1の額とする税額軽減の特例があります。

【住宅用地の課税標準額（特例）】

	小規模住宅用地（200㎡以内）	その他の住宅用地（200㎡超）
固定資産税	課税標準の6分の1の額	課税標準の3分の1の額
都市計画税	課税標準の3分の1の額	課税標準の3分の2の額

問13　解答 **3**

みんほし教科書　P361〜364

1）適切。

　自筆証書に添付する財産目録については、例外的に、自書しなくてもパソコンで作成しても認められます。

2）適切。

　公正証書遺言は、証人2人以上の立会いのもと、遺言者が遺言の趣旨を公証人に口授し、公証人がこれを筆記して作成します。公証人がその原本を厳重に保管する信頼性の高い制度です。

種類	自筆証書遺言	公正証書遺言	秘密証書遺言
遺言可能年齢	15歳以上		
証人	不要	2人以上の証人が必要	
家庭裁判所の検認	必要※	不要	必要

※遺言書保管所の保管の場合、検認は不要です。

3）不適切。

　遺留分権利者になることができるのは、兄弟姉妹を除く法定相続人のみです。したがって、被相続人の弟Cさんは、遺留分侵害額の請求権を行使することはできません。

ⅰ）「Aさんの相続における相続税額の計算上、遺産に係る基礎控除額は、（① 4,200）万円となります」

ⅱ）「妻Bさんが自宅の敷地と建物を相続し、『小規模宅地等についての相続税の課税価格の計算の特例』の適用を受けた場合、自宅の敷地（相続税評価額6,000万円）について、相続税の課税価格に算入すべき価額は（② 1,200）万円となります」

ⅲ）「『配偶者に対する相続税額の軽減』の適用を受けた場合、妻Bさんが相続により取得した財産の金額が、配偶者の法定相続分相当額と（③ 1億6,000万円）とのいずれか多い金額までであれば、納付すべき相続税額は算出されません」

解説

ⅰ）法定相続人の数は、配偶者の妻Bさんと弟Cさんの計2人です。

　　相続税の計算における遺産に係る基礎控除額は、「3,000万円＋600万円×法定相続人の数（2人）」の算式により算出します。したがって、4,200万円となります。

ⅱ）自宅敷地（300㎡・6,000万円）の相続税評価は330㎡限度に80％評価減になるため、20％評価となります。したがって、相続税の課税価格に算入すべき価額は、1,200万円※となります。

　　※自宅の相続税評価額＝6,000万円×（1－0.8）
　　　　　　　　　　　　　＝1,200万円

【小規模宅地等についての相続税の課税価格の計算の特例】

宅地の区分		限度面積	減額割合
居住用	特定居住用宅地	330㎡	80%
事業用	特定事業用宅地	400㎡	80%
	特定同族会社事業用宅地		
貸付事業用宅地（貸付用不動産の宅地）		200㎡	50%

ⅲ）「配偶者に対する相続税額の軽減」とは、実際に取得した正味の遺産額が、次の金額のいずれか多い金額までは配偶者に相続税はかからない制度のことです。ただし、本特例を適用して相続税がゼロになる場合でも、相続税の申告書は提出する必要があります。
- 配偶者の法定相続分相当額
- 1億6千万円

　課税遺産総額（課税価格の合計額－遺産に係る基礎控除額）は、1億4,000万円です。

【相続税の総額を求める】

　相続税の総額の計算過程においては、実際の遺産の分割割合とは無関係に、相続人が法定相続分に応じて仮に取得したものとして税額を算出します。

　設例では、法定相続分は、妻Bさんが$\frac{3}{4}$、弟Cさんが$\frac{1}{4}$となります。

●**法定相続人の法定相続分に応じた各取得金額**

　・妻Bさん：1億4,000万円×$\frac{3}{4}$＝10,500万円

　・弟Cさん：1億4,000万円×$\frac{1}{4}$＝3,500万円

●**法定相続分に応じた取得金額に係る相続税額（速算表で計算）**

　・妻Bさん：10,500万円×40％－1,700万円＝2,500万円

　・弟Cさん：3,500万円×20％－200万円＝500万円

●**相続税の総額**

　2,500万円＋500万円＝3,000万円

解答・解説編

実技試験（金財）

保険顧客資産相談業務

苦手論点チェックシート　　実技（保険）・第 1 回

※　間違えた問題に✓を記入しましょう。

問題	科目	論　　点	あなたの苦手※ 1回目	あなたの苦手※ 2回目
1	ラ イ フ	遺族基礎年金の計算		
2	ラ イ フ	遺族厚生年金		
3	ラ イ フ	遺族給付		
4	リ ス ク	がん保険		
5	リ ス ク	がん保険		
6	リ ス ク	高額療養費		
7	リ ス ク	退職所得		
8	リ ス ク	終身保険		
9	リ ス ク	保険料払込時の経理処理		
10	タ ッ ク ス	所得控除		
11	タ ッ ク ス	所得税の課税		
12	タ ッ ク ス	総所得金額の計算		
13	相 続	相続に関する全般		
14	相 続	相続に関する全般		
15	相 続	相続税の総額の計算		

苦手論点チェックシート　　実技（保険）・第2回

※　間違えた問題に✓を記入しましょう。

問題	科目	論　　点	あなたの苦手※ 1回目	あなたの苦手※ 2回目
1	ラ イ フ	老齢基礎年金の計算		
2		老齢給付		
3		学生納付特例制度		
4	リ ス ク	公的年金制度		
5		生命保険の補償内容		
6		生命保険の税金		
7	リ ス ク	退職所得		
8		医療保険		
9		定期保険		
10	タ ッ ク ス	総所得金額の計算		
11		所得控除		
12		生命保険料控除		
13	相 続	遺言		
14		相続税の総額の計算		
15		相続に関する全般		

実技試験　保険顧客資産相談業務

【第1問】

問1　解答 **2**

みんほし教科書　P73〜74

遺族基礎年金は「子のある配偶者」または「子」に支給されます。

年金法における「子」とは、18歳到達年度末日までにある子、または20歳未満で障害年金の障害等級1級・2級の子をさします。

妻Bさんは、子（長男Cさん）のある配偶者に該当するため、遺族基礎年金に1人目の子の加算額が加わります。

816,000円＋234,800円＝1,050,800円

- -

問2　解答 **3**

みんほし教科書　P76〜77

「現時点においてAさんが死亡した場合、妻Bさんに対して遺族厚生年金と遺族基礎年金が支給されます。遺族厚生年金の額は、原則として、Aさんの厚生年金保険の被保険者記録を基礎として計算した老齢厚生年金の報酬比例部分の額の（① 4分の3）に相当する額になります。ただし、その計算の基礎となる被保険者期間の月数が（② 300月）に満たないときは、（② 300月）とみなして年金額が計算されます。また、長男Cさんの18歳到達年度の末日が終了すると、妻Bさんの有する遺族基礎年金の受給権は消滅します。その後、妻Bさんが（③ 65歳）に達するまでの間、妻Bさんに支給される遺族厚生年金には、中高齢寡婦加算が加算されます」

実技試験　解答・解説　保険顧客資産相談業務（第1回）

解 説

① 遺族厚生年金の額は、死亡した者の老齢厚生年金の報酬比例部分の4分の3に相当する額となります。

② 厚生年金の被保険者が死亡した場合、被保険者期間の月数が300月に満たないときは、300月とみなして計算します。

③ 遺族基礎年金における「子」とは、18歳到達年度末日までにある子、または20歳未満で障害年金の障害等級1級・2級の子をさします。

問3　解答 **1**

みんほし教科書　P58, 77, 225

1）適切。遺族基礎年金および遺族厚生年金は、偶数月の15日に2カ月分が支給されます。15日が土日祝日の場合は、直前の平日に支給されます。

2）**不適切**。遺族基礎年金および遺族厚生年金は、非課税です。なお、老齢基礎年金および老齢厚生年金は、雑所得として総合課税の対象となります。

3）**不適切**。妻Bさんが65歳に達した場合、妻Bさん自身の老齢厚生年金が全額支給され、その額が遺族厚生年金などより低い場合は、差額が支給されます。

問4　　**解答 3**　　　　　　　　　みんほし教科書　なし

1）**適切**。がんの保障を準備する際には、再発時の保障の有無やその内容を確認することも必要です。

2）**適切**。医療技術の進歩による入院日数の短期化や通院治療にあわせ、入院日数の長短にかかわらず一定額を受け取ることができる保障は検討に値します。

3）**不適切**。がん保険に限らず保険期間が終身の毎月の保険料は、終身払込よりも有期払込の方が高くなります。

問5　　**解答 1**　　　　　　　　　みんほし教科書　P120, 129, 151

1）適切。通常、がんの保障については、契約日から3カ月間（または90日間）の免責期間があります。

2）**不適切**。給付金・保険金のうち、がん診断給付金など身体の疾病や傷害などによって支払われるものは、非課税所得とされます。

3）**不適切**。先進医療の治療を受けた場合、技術料は全額自己負担となるものの、診察料、投薬料などは公的医療保険が適用されます。

「Aさんに係る医療費の一部負担金の割合は、原則として（① 3）割となりますが、（② 同一月）内に、医療機関等に支払った医療費の一部負担金等の合計が自己負担限度額を超えた場合、所定の手続により、自己負担限度額を超えた額が高額療養費として支給されます。この一部負担金等の合計には、差額ベッド代、入院時の食事代、先進医療に係る費用等は含まれず、70歳未満の者の場合、原則として、医療機関ごとに、入院・外来、医科・歯科別に一部負担金等が（③ 21,000）円以上のものが計算対象となります」

解　説

① 　公的医療保険の一部負担金の割合は、小学校入学後から70歳未満の場合、原則として3割となります。

② 　高額療養費制度は、同一月の医療費の一部負担金が自己負担限度額を超えた場合、超えた額が高額療養費として支給されます。

③ 　70歳未満の者の場合、医療機関ごとに、入院・外来、医科・歯科別に一部負担金が21,000円以上のものが計算対象となります。

【第3問】

問7 　**解答 1**

みんほし教科書　P241

退職所得の金額は、（退職金収入額−退職所得控除額）$\times\dfrac{1}{2}$で算出します。

退職所得控除額は、勤続年数に応じて以下のように定められています。

勤続年数	退職所得控除額
20年以下	40万円×勤続年数（最低80万円）
20年超	800万円＋70万円×（勤続年数−20年）

Aさんの勤続年数は40年であるから、Aさんの退職所得控除額は
800万円＋70万円×（40年−20年）＝2,200万円となります。
よって、Aさんの退職所得の金額は、

（6,000万円−2,200万円）$\times\dfrac{1}{2}$＝1,900万円となります。

- -

問8 　**解答 3**

みんほし教科書　なし

1）適切。低解約返戻金型終身保険は、保険料払込期間における解約返戻金額を抑えることで、低解約返戻金型ではない終身保険と比較して保険料が割安になります。

2）適切。役員の勇退時に名義変更することで、役員退職金の一部として終身保険契約を現物支給することができます。

3）不適切。X社が契約者貸付制度を利用し、契約者貸付金を受け取った場合、借入金として経理処理します。

借　方	貸　方
現金・預金　〇〇万円	借入金　〇〇万円

- -

終身保険のように貯蓄性のある保険において、契約者および死亡保険金受取人が法人となる契約の保険料払込時の経理処理は、全額を「保険料積立金」として資産計上します。

借　方	貸　方
保険料積立金　300万円	現金・預金　300万円

問10 　**解答 2**　　　　　　　　　　　　　　　　　みんほし教科書　P260

ⅰ）「Aさんが適用を受けることができる配偶者控除の額は、（① 38）万円です」

ⅱ）「長女Cさんは特定扶養親族に該当するため、Aさんが適用を受けることができる長女Cさんに係る扶養控除の額は、（② 63）万円です」

ⅲ）「母Dさんは老人扶養親族の同居老親等に該当するため、Aさんが適用を受けることができる母Dさんに係る扶養控除の額は、（③ 58）万円です」

解　説

① 配偶者控除の控除額は、控除を受ける納税者本人の合計所得金額、および控除対象配偶者の年齢により下記のとおりになります。

控除を受ける納税者本人の合計所得金額	控除額	
	一般の控除対象配偶者	老人控除対象配偶者
900万円以下	38万円	48万円
900万円超　950万円以下	26万円	32万円
950万円超 1,000万円以下	13万円	16万円

②③ 扶養控除は、合計所得金額が48万円以下の扶養親族に適用されます。

区　分		控除額
一般の控除対象扶養親族（16歳以上19歳未満）		38万円
特定扶養親族　（19歳以上23歳未満）		63万円
一般の控除対象扶養親族　（23歳以上）		38万円
老人扶養親族（70歳以上）	同居老親等以外の者	48万円
	同居老親等	58万円

問11 解答 **3**　　　　　　　　　みんほし教科書　P262, 280

1）不適切。一時払変額個人年金保険の解約返戻金は、一時所得として総合課税の対象になります。

2）不適切。保険差益の金額ではなく、一時所得（給与所得、退職所得以外の所得）の金額が20万円を超える場合には給与所得者も確定申告が必要となります。

3）適切。同一生計親族の国民年金保険料を支払った場合、その全額が社会保険料控除の対象となります。

問12 解答 **1**　　　　　　　　　みんほし教科書　P238, 248

総所得金額を求めるためには、各種所得を算出して合計します。

Aさんの給与収入金額は750万円なので、＜資料＞より

給与所得控除額：750万円×10％＋110万円 ＝185万円

【給与所得】：750万円－185万円 ＝565万円

一時払変額個人年金保険の解約返戻金から、正味払込保険料を差し引いた額は一時所得として所得税の課税対象となります。

【一時所得】：650万円－600万円－50万円（特別控除額）＝0円

よって、Aさんの総所得金額は、565万円＋0円＝565万円

問13　　解答 **3**　　　　　　みんほし教科書　P281, 361, 382

1）**不適切**。相続人は、相続の開始があったことを知った日の翌日から4カ月以内に準確定申告書を提出しなければなりません。

2）**不適切**。自宅から自筆証書遺言を発見した相続人は、家庭裁判所に提出して検認を請求しなければなりません。なお、法務局に保管された自筆証書遺言は検認不要です。

3）**適切**。相続税の申告書は、相続の開始があったことを知った日の翌日から10カ月以内に被相続人の住所地を所轄する税務署長に提出しなければなりません。

・・

 問14　　解答 **3**　　　　　　みんほし教科書　P372, 376, 405

ⅰ）「Aさんの相続における遺産に係る基礎控除額は、（① 4,800）万円です」

ⅱ）「妻Bさんが受け取った死亡退職金4,000万円のうち、相続税の課税価格に算入される金額は、（② 2,500）万円です」

ⅲ）「妻Bさんが自宅の敷地を相続により取得し、特定居住用宅地等として『小規模宅地等についての相続税の課税価格の計算の特例』の適用を受けた場合、その敷地は330㎡までの部分について（③ 80）％の減額が受けられます」

解　説

①　Aさんの相続人は、妻Bさん、長女Cさん、普通養子Eさんの3人です。相続税の計算における基礎控除額は、3,000万円＋600万円×法定相続人の数（3人）＝4,800万円となります。

②　死亡退職金を相続人が受け取る場合、みなし相続財産として相続税の課税対象となり、500万円×法定相続人の数（3人）＝1,500万円を限度に非課税金額となります。

4,000万円－1,500万円＝2,500万円

③　特定居住用宅地に該当する敷地を相続により取得した場合、330㎡までの部分が80％減額されます。

問15　解答 1

みんほし教科書　P377〜378

相続税の総額は、課税遺産総額を法定相続分で分割したものとして、相続税の速算表にあてはめて算出した額を合計して求めます。

1）妻Bさん：22,000万円×$\frac{1}{2}$＝11,000万円

　　11,000万円×40％－1,700万円＝2,700万円

2）長女Cさん・普通養子Eさん：22,000万円×$\frac{1}{2}$×$\frac{1}{2}$＝5,500万円

　　5,500万円×30％－700万円＝950万円

　　よって、相続税の総額：2,700万円＋950万円×2＝4,600万円

実技試験　保険顧客資産相談業務

【第1問】

問1　解答 **1**　　　　　　　　　　　みんほし教科書　P60〜61

　　国民年金は20歳から60歳になるまでの480月の保険料を納めた場合、65歳から満額の老齢基礎年金が支給されます。なお、20歳から60歳までの厚生年金保険の被保険者期間は国民年金の第2号被保険者として保険料納付済期間となります。また、第3号被保険者期間は保険料納付済期間となります。

　　Aさんの保険料納付済期間：480月－30月＝450月

　　Aさんの老齢基礎年金額：$816{,}000円×\dfrac{450月}{480月}$

問2　解答 **3**　　　　　　　　　　　みんほし教科書　P66, 69〜70

1）**適切**。1961年4月2日以降に生まれた男性および1966年4月2日以降に生まれた女性は、特別支給の老齢厚生年金を受給することができません。よって、Aさんおよび妻Bさんには、特別支給の老齢厚生年金の支給はありません。

2）**適切**。厚生年金の被保険者期間が20年（240月）以上あり、65歳未満の配偶者がいる場合には加給年金が加算されます。

3）**不適切**。加給年金の対象となる配偶者が老齢基礎年金を受給する場合、1966年4月1日以前に生まれた者は振替加算が加算されます。

　　妻Bさんは、1967年3月10日生まれであるため、加算されません。

「本制度は、国民年金の第１号被保険者で大学等の所定の学校に在籍する学生について、（① 学生本人）の前年所得が一定額以下の場合、所定の申請に基づき、国民年金保険料の納付を猶予する制度です。なお、本制度の適用を受けた期間は、老齢基礎年金の（② 受給資格期間に算入）されます。

本制度の適用を受けた期間の保険料は、（③ 10）年以内であれば、追納することができます。ただし、本制度の承認を受けた期間の翌年度から起算して、３年度目以降に保険料を追納する場合には、承認を受けた当時の保険料額に経過期間に応じた加算額が上乗せされます」

【第2問】

 問4　　解答 **1**　　　　　　　　　　　　みんほし教科書　P72〜73, 76

1）**適切。** 遺族基礎年金は、「18歳到達年度末日までの子ある配偶者」または「18歳到達年度末日までの子」が受給対象者となるため、妻Bさんは受給することができません。

2）**不適切。** 遺族厚生年金の被保険者期間が300月に満たない場合、300月とみなして年金額が計算されます。

3）**不適切。** 障害基礎年金は、障害等級が1級または2級に該当する場合に受給することができます。障害等級3級のAさんは障害厚生年金のみ受給することができます。

· ·

 問5　　解答 **3**　　　　　　　　　　　　　　みんほし教科書　P119〜120

1）**不適切。** 先進医療特約は、療養を受けた時点において厚生労働大臣により定められている先進医療が給付の対象となります。

2）**不適切。** リビング・ニーズ特約は、余命6カ月以内と判断された場合、死亡保険金の一部または全部を生前給付金として受け取ることができます。ただし、提案を受けた死亡保障額は、リビング・ニーズ特約の上限である3,000万円を超えていないため、Aさんが3,000万円を請求することはできません。

3）**適切。** 就業不能を保障の対象とする保険商品は、各生命保険会社で保障内容や支払基準が異なることもあるため確認が必要です。

· ·

1) 適切。終身保険特約および定期保険特約は一般の生命保険料控除の対象
となり、就業不能サポート特約および先進医療特約は介護医療保険料控除
の対象となります。なお、傷害特約は生命保険料控除の対象とはなりません。

2) **不適切。**被保険者に代わって指定代理請求人が受け取る入院給付金でも
非課税となります。

3) **不適切。**生命保険料控除は、加入した年分から勤務先の年末調整で適用
を受けることができます。

【第3問】

 問7 　　**解答 2**

みんほし教科書　P241

退職所得の金額は、（退職金収入額－退職所得控除額）$\times\dfrac{1}{2}$で算出します。

退職所得控除額は、勤続年数に応じて以下のように定められています。

勤続年数	退職所得控除額
20年以下	40万円×勤続年数（最低80万円）
20年超	800万円＋70万円×（勤続年数－20年）

　Aさんの勤続年数は25年を想定していることから、Aさんの退職所得控除額は800万円＋70万円×（25年－20年）＝1,150万円　となります。

　よって、Aさんの退職所得の金額は、

（4,000万円－1,150万円）$\times\dfrac{1}{2}$＝1,425万円　となります。

問8 　　**解答 1**

みんほし教科書　P131,135

1）**適切**。契約者および給付金受取人が法人で、被保険者が役員・従業員である解約返戻金のない医療保険の支払保険料は、全額を損金に算入します。

2）**不適切**。支払保険料の全額を損金に算入している医療保険の入院給付金は、全額を雑収入として益金に算入します。

3）**不適切**。入院中に所定の手術を受けた場合は、入院日額の20倍（10,000円×20倍＝20万円）、所定の外来手術を受けた場合は、入院日額の5倍（10,000円×5倍＝5万円）が手術給付金として支払われます。

1）**不適切**。定期保険の単純返戻率は、保険始期から上昇して、保険期間の途中でピークを迎えます。その後は低下して、保険期間満了時にはゼロとなります。

2）**適切**。最高解約返戻率が50％以下（48％）の定期保険の支払保険料は、全額を損金に算入することができます。

3）**不適切**。契約者貸付制度を利用した場合、契約者貸付金の全額を現預金として資産に計上するとともに、全額を借入金として負債に計上します。

問10　　解答 **2**

みんほし教科書　P238, 248

　総所得金額を求めるためには、各種所得を算出して合計します。

　Aさんの給与収入金額は800万円なので、＜資料＞より

給与所得控除額：800万円×10％＋110万円 ＝190万円

【給与所得】：800万円－190万円 ＝610万円

　一時払養老保険（10年満期）の満期保険金から、正味払込保険料を差し引いた額は、一時所得として所得税の課税対象となります。

【一時所得】：410万円－350万円－50万円（特別控除額）＝10万円

※　一時所得を総所得金額に算入する場合は、その額の$\frac{1}{2}$を算入します。

　　$10万円×\frac{1}{2}＝5万円$

　よって、Aさんの総所得金額は、610万円＋5万円＝615万円

ⅰ)「妻Bさんの合計所得金額は（① 48）万円以下であるため、Aさんは配偶者控除の適用を受けることができます。Aさんが適用を受けることができる配偶者控除の額は、（② 38）万円です」

ⅱ)「Aさんが適用を受けることができる長男Cさんに係る扶養控除の額は、（③ 63）万円です」

解　説

①②　配偶者控除の控除額は、控除を受ける納税者本人の合計所得金額、および控除対象配偶者の年齢により下記のとおりになります。

控除を受ける納税者本人の合計所得金額	控除額	
	一般の控除対象配偶者	老人控除対象配偶者
900万円以下	38万円	48万円
900万円超950万円以下	26万円	32万円
950万円超1,000万円以下	13万円	16万円

③　扶養控除は、合計所得金額が48万円以下の扶養親族に適用されます。

区　分		控除額
一般の控除対象扶養親族（16歳以上19歳未満）		38万円
特定扶養親族（19歳以上23歳未満）		63万円
一般の控除対象扶養親族（23歳以上）		38万円
老人扶養親族（70歳以上）	同居老親等以外の者	48万円
	同居老親等	58万円

①　2011年12月31日以前の契約(1)における生命保険料控除は、一般生命保険料、個人年金保険料に区分し、それぞれの控除の適用限度額は所得税で5万円（年間正味払込保険料が10万円を超える場合）となります。

②　2012年1月1日以後の契約(2)における生命保険料控除は、一般生命保険料、介護医療保険料、個人年金保険料に区分し、それぞれの控除の適用限度額は所得税で4万円（年間正味払込保険料が8万円を超える場合）となります。

生命保険料控除の控除額：5万円＋4万円＝9万円

【第5問】

 問13 解答 **1**

みんほし教科書　P361〜363

1）不適切。Ｅさんは相続人ではないため、遺留分侵害額請求権を行使することはできません。
2）**適切**。自筆証書遺言は、法務局（遺言書保管所）に預けることができます。なお、法務局に保管された自筆証書遺言は検認不要です。
3）**適切**。公正証書遺言の証人には、推定相続人（妻Ｂさん、兄Ｃさん）や受遺者、これらの配偶者および直系血族はなることができません。

問14 解答 **2**　　　　　　　　　　みんほし教科書　P377〜378

　相続税の総額は、課税遺産総額を法定相続分で分割したものとして、相続税の速算表にあてはめて算出した額を合計して求めます。

妻Ｂさん：$20,000万円 \times \dfrac{3}{4} = 15,000万円$

　　　　　$15,000万円 \times 40\% - 1,700万円 = 4,300万円$

兄Ｃさん：$20,000万円 \times \dfrac{1}{4} = 5,000万円$

　　　　　$5,000万円 \times 20\% - 200万円 = 800万円$

相続税の総額：$4,300万円 + 800万円 = 5,100万円$

【第5問】

問13 解答 **1**　　みんほし教科書　P361〜363

1）不適切。Ｅさんは相続人ではないため、遺留分侵害額請求権を行使することはできません。
2）**適切**。自筆証書遺言は、法務局（遺言書保管所）に預けることができます。なお、法務局に保管された自筆証書遺言は検認不要です。
3）**適切**。公正証書遺言の証人には、推定相続人（妻Ｂさん、兄Ｃさん）や受遺者、これらの配偶者および直系血族はなることができません。

問14 解答 **2**　　みんほし教科書　P377〜378

　相続税の総額は、課税遺産総額を法定相続分で分割したものとして、相続税の速算表にあてはめて算出した額を合計して求めます。

妻Ｂさん：$20,000万円 \times \dfrac{3}{4} = 15,000万円$

　　　　　$15,000万円 \times 40\% - 1,700万円 = 4,300万円$

兄Ｃさん：$20,000万円 \times \dfrac{1}{4} = 5,000万円$

　　　　　$5,000万円 \times 20\% - 200万円 = 800万円$

相続税の総額：$4,300万円 + 800万円 = 5,100万円$

ⅰ）「妻Ｂさんが自宅の敷地を相続により取得し、当該敷地の全部について、『小規模宅地等についての相続税の課税価格の計算の特例』の適用を受けた場合、減額される金額は（① 6,400）万円となります」

ⅱ）「『配偶者に対する相続税額の軽減』の適用を受けた場合、妻Ｂさんが相続により取得した財産の金額が、配偶者の法定相続分相当額と1億6,000万円とのいずれか（② 多い）金額までであれば、原則として、妻Ｂさんが納付すべき相続税額は算出されません」

ⅲ）「相続税の申告書は、原則として、相続の開始があったことを知った日の翌日から10カ月以内に、（③ Ａさんの死亡時の住所地）を所轄する税務署長に提出しなければなりません」

解　説

① 　特定居住用宅地に該当する敷地を相続により取得した場合、330㎡までの部分が80％減額されます。8,000万円×80％＝6,400万円

② 　「配偶者に対する相続税額の軽減」は、配偶者の法定相続分相当額と1億6,000万円のいずれか多い金額までの納付税額がゼロになります。

③ 　相続税の申告書は、相続の開始があったことを知った日の翌日から10カ月以内に、被相続人の住所地を所轄する税務署長に提出しなければなりません。